BUZZ

© 2020 Buzz Editora
© 2019 Ashley Feinstein Gerstley
Publicado originalmente nos EUA pela Sourcebooks,
um selo da Sourcebooks, LLC. www.sourcebooks.com

Publisher ANDERSON CAVALCANTE
Editora SIMONE PAULINO
Assistente editorial JOÃO LUCAS Z. KOSCE
Tradução DÉBORA ISIDORO
Preparação CAMILA BERTO
Revisão MARINA MUNHOZ, ELENA JUDENSNAIDER
Projeto gráfico ESTÚDIO GRIFO
Imagem de capa © SOURCEBOOKS, INC

Dados Internacionais de Catalogação na Publicação (CIP)
de acordo com ISBD

G383d
    Detox financeiro: assuma o controle de suas finanças,
    administre seus gastos e desestresse seu dinheiro de vez /
    Ashley Feinstein Gerstley.
    Traduzido por Débora Isidoro
    Tradução de: *The 30-day money cleanse*
    São Paulo: Buzz Editora, 2021
    176 pp.

ISBN 978-65-86077-43-8

1. Economia. 2. Finanças pessoais. 3. Gastos.
I. Isidoro, Debora. II. Título.

2021-8   CDD 332
                                          CDU 336

Elaborado por Odilio Hilario Moreira Junior CRB 8/9949

Índice para catálogo sistemático:
1. Finanças pessoais 332 2. Finanças pessoais 336

Todos os direitos reservados à:
Buzz Editora Ltda.
Av. Paulista, 726 – mezanino
CEP: 01310-100 São Paulo, SP

[55 11] 4171 2317
[55 11] 4171 2318
contato@buzzeditora.com.br
www.buzzeditora.com.br

ASHLEY FEINSTEIN GERSTLEY

DETOX FINANCEIRO

ASSUMA O CONTROLE DE SUAS FINANÇAS, ADMINISTRE SEUS GASTOS E DESESTRESSE SEU DINHEIRO DE VEZ

Para todos que já estiveram estressados por causa de dinheiro.

9	Prefácio: Minha história
11	Por que todos precisamos de um detox financeiro

SEMANA UM

23	Como funciona
35	Prepare-se para o sucesso
41	Semana Um: Visão geral
49	Diário do dinheiro e lista de despesas: Diretrizes para a Semana Um

SEMANA DOIS

63	Semana Dois: Visão geral
73	Organize sua alocação de felicidade
83	Alegrias mundanas e a linguagem que usamos em relação ao dinheiro: Diretrizes para a Semana Dois

SEMANA TRÊS

91	Semana Três: Visão geral
96	Use o dinheiro com o coração: Gastos baseados em valores
104	O custo de oportunidade dos nossos gastos: Diretrizes para a Semana Três

SEMANA QUATRO

113	Semana Quatro: Visão geral
122	Crie sua equipe dos sonhos
128	Atenue toxinas ambientais: Diretrizes para a Semana Quatro

BEM-VINDO AO SEU NOVO ESTILO DE VIDA FINANCEIRA

143	Conclusão: Seu novo estilo de vida financeira
155	Festas financeiras
159	Para a frente e para cima: Qual é a próxima etapa em sua jornada financeira?
167	Agradecimentos
170	Notas finais
173	Referências bibliográficas

PREFÁCIO

MINHA HISTÓRIA

Eu me tornei especialista na conquista da liberdade financeira quando descobri que vivia estressada por causa do meu dinheiro o tempo todo. Para onde ele sempre acabava indo? Apesar de ter me formado em economia e de trabalhar na área de finanças, não sabia absolutamente nada sobre meu dinheiro. E tive a impressão de que, se eu me sentia perdida e atordoada, as pessoas sem minha formação deveriam sentir a mesma coisa.

Em quase todas as áreas das finanças pessoais, aprendi lições do jeito mais difícil. Uma vez, segui o conselho de um colega de trabalho para fazer um investimento e perdi milhares de dólares; depois, não me dei conta de que tinha de incluir o nome da pessoa que dividia a casa comigo em nosso contrato de locação, o que a impossibilitou de usar o seguro num momento difícil; por fim, fiz um cartão de crédito de loja que era tão desonesto com o cliente que passei sete anos com o nome sujo.

Enquanto minha jornada financeira seguia, experimentei tanto poder e tanta liberdade em função das descobertas que fiz sobre minhas finanças pessoais que decidi assumir a missão de compartilhar a receita secreta com as pessoas onde quer que eu esteja. Muita gente se sente sozinha, confusa e preocupada com a possibilidade de estar ficando para trás em relação ao local onde acredita que "deveria" estar financeiramente. Como boa parte do material disponível sobre finanças pessoais soa assustador e chato, acabamos deixando o assunto de lado. Percebi que as pessoas precisavam de um plano simples, um passo a passo que as ajudasse a assumir o controle de seu dinheiro e trilhar o caminho em direção a seus objetivos financeiros.

E assim nasceu o Detox Financeiro de Trinta Dias. Criei o programa com base nas minhas pesquisas e nas mentorias com clientes, que me ajudaram a estabelecer padrões para as frustrações e as causas de estresse de todos eles no que diz respeito às finanças. As dificuldades podem se manifestar de forma um pouco diferente em cada um, mas todos nós enfrentamos questões parecidas. Também percebi que, em muitos aspectos, o dinheiro guarda uma semelhança impressionante com a comida, especialmente em relação a como os comportamentos tendem a estar muito mais ligados a emoções do que a fatos e números.

Inicialmente, criei o Detox Financeiro de Trinta Dias há três anos como um curso on-line, e desde então os resultados têm sido fabulosos. O participante economiza em média US$ 950 ao longo dos trinta dias de duração do curso ou cerca de 25% de sua renda mensal bruta. Pelo sucesso de quem passa pela empreitada e pelo feedback positivo que recebi ao longo do tempo, tive a certeza de que precisava compartilhar o Detox Financeiro de Trinta Dias com um público ainda mais amplo. Ao escrever este livro, pretendo fornecer a cada leitor um manual de fácil compreensão para a conquista do mindset financeiro saudável e duradouro que esse programa me proporcionou.

O Detox Financeiro de Trinta Dias é um movimento para viver uma vida incrível, com propósito e consciente *agora*, ao mesmo tempo que se economiza para objetivos e sonhos de longo prazo. O Detox Financeiro traz de volta o "pessoal" para as "finanças pessoais" e nos põe numa posição favorável a nós mesmos, de forma que possamos viver em harmonia com nosso dinheiro e construir riqueza com facilidade.

POR QUE TODOS PRECISAMOS DE UM DETOX FINANCEIRO

"Nosso grau de resistência em relação ao dinheiro
é proporcional ao grau de poder disponível
para nós do outro lado dessa resistência."
BARBARA STANNY,
AUTORA DE *OVERCOMING UNDEREARNING*

Passo a maior parte do dia falando com pessoas sobre o que elas consideram ser uma das partes mais sigilosas – e muitas vezes mais vergonhosas – da vida delas: seu dinheiro. Ao compartilharem sonhos, medos e erros que cometeram, consigo ter uma boa ideia dos valores, das paixões, da história, da família e dos objetivos que elas têm. É uma grande honra poder me juntar a elas em sua jornada financeira, pois posso acompanhá-las nesse caminho que parte da dúvida, da preocupação e da culpa para chegar a um mindset financeiro poderoso e livre de estresse. Sinto que sou a mulher mais sortuda da Terra, porque posso passar os dias trabalhando em uma missão pela qual sou realmente apaixonada.

Não só amo falar sobre dinheiro com meus atuais e futuros clientes, como também tenho a impressão de atrair histórias sobre o assunto aonde quer que eu vá. Pode ser uma nova amiga narrando um causo enquanto bebemos uma taça de vinho, um colega revelando uma experiência pessoal durante uma reunião de trabalho ou até mesmo um completo desconhecido me contando o drama financeiro de sua família. Ouvi milhares e milhares de pessoas compartilhando informações sobre sua vida financeira secreta, e não precisei de muito esforço para perceber que havia pontos em comum em todas essas histórias.

Eis algumas das reclamações que sempre ouço:

- "Não compro só produtos caros ou tenho um surto consumista atrás do outro... meu estilo de vida não é nem um pouco fútil, mas por alguma razão nunca sobra dinheiro suficiente para guardar."
- "Eu achava que não ganhava o suficiente para economizar, mas mesmo com um aumento de salário ainda não estou economizando. Para onde vai todo o meu dinheiro?"
- "Sou muito bem-sucedido em todas as outras áreas da minha vida. Por que não consigo me dar bem com essa coisa do dinheiro? Se eu tivesse um plano, poderia segui-lo. Só não sei por onde começar."

A primeira coisa que temos que entender sobre o dinheiro é que não é possível evitá-lo. Podemos até pensar que estamos fazendo bem a nós mesmos quando ignoramos as faturas cada vez mais altas do cartão de crédito ou não acompanhamos o saldo da conta no banco, mas isso acaba nos causando mais ansiedade a longo prazo. Por mais que tentemos e nos esforcemos, a verdade é que não dá para ignorar completamente o dinheiro. Podemos até nos esquecer do assunto por um ou dois dias, mas para viver de forma funcional em sociedade temos de lidar com dinheiro.

No entanto, a maioria das pessoas não aprende nada sobre o assunto. A maior parte dos colégios e faculdades não oferece disciplinas de finanças pessoais, e é bastante improvável que uma pessoa com sólidos conhecimentos financeiros dedique algum tempo a estudar o assunto conosco em profundidade. É muito engraçado, se você parar para pensar: todo mundo precisa saber de economia pessoal, só que ninguém aprende sobre o assunto por vias regulares. Passamos semestres estudando equações e geometria (e não sei você, mas eu não usei nenhum dos dois desde que saí da escola), mas sobre algo tão prático, tão necessário... nem uma aula sequer.

Para piorar a situação, é tabu falar sobre dinheiro! Você já percebeu que conversamos com nossos amigos sobre quase tudo – dos segredos que guardamos a sete chaves aos mais íntimos detalhes de nossa vida amorosa –, mas não revelamos quanto ganhamos? Comentamos sobre o valor elevado do aluguel ou falamos sobre uma compra recente em uma liquidação, porém não conversamos sobre se estamos investindo, fazendo uma poupança para a aposentadoria ou tentando (talvez sem sucesso) guardar dinheiro.

Esse tabu se estende até aos nossos relacionamentos mais íntimos. Entre os recém-casados, 25% não sabem quanto o parceiro ganha,[1] e 5% dos casais têm contas bancárias que o parceiro desconhece.[2] Não conversamos sobre dinheiro nem com essas pessoas mais próximas, e isso impede nosso progresso. De fato, dizem por aí que é indelicado discutir política, religião e dinheiro. Mas ao evitar o assunto somos forçados a lidar sozinhos com a questão complexa que é o dinheiro – e ainda por cima totalmente desarmados!

Entende aonde estou querendo chegar? Além desses desafios normais que enfrentamos ao lidar com nossas finanças, o dinheiro também tem uma carga emocional muito forte. Como mencionei antes, dinheiro e comida são semelhantes em muitos aspectos. Na verdade, os números são bem simples. Em relação à comida: calorias ingeridas menos calorias gastas resulta em perda, ganho ou manutenção de peso. Com o dinheiro, a equação é a mesma: dinheiro que entra menos dinheiro que sai resulta em economias que podemos guardar para os nossos objetivos, estilo de vida incompatível com a renda ou apenas estagnação. É claro, se fosse tão fácil assim, não haveria uma indústria do emagrecimento que movimenta muitos bilhões de dólares!

O relacionamento que mantemos com dinheiro e comida pode causar sérios danos emocionais, porque ambos parecem ser a chave para a nossa felicidade. O dinheiro, em particular, é uma ferramenta que permite adquirir e experimentar o que quisermos na vida. Essa é uma dinâmica poderosa! Mas essa dinâmica também é uma fonte de pressão e estresse e, não raro, em vez de nos fazer felizes, é o que nos mantém distante daquilo que realmente queremos.

DINHEIRO PODE COMPRAR FELICIDADE?

A resposta curta é sim, mas com ressalvas. De acordo com um estudo conduzido por pesquisadores da Universidade de Princeton, o psicólogo Daniel Kahneman e o economista Alan B. Krueger, "a crença de que renda elevada é associada a bom humor é bastante difundida, mas, em boa parte, ilusória. Pessoas com renda acima da média são relativamente satisfeitas com a própria vida, mas são pouquíssimo mais felizes que outras no dia a dia, tendem a ser mais tensas e não dedicam muito tempo a atividades essencialmente agradáveis".[3] Em outro estudo, Kahneman e seu colega Angus Deaton descobriram que há um ponto de rendimentos decrescente em relação a renda anual e felicidade: us$ 88 mil.[4*] Acima desse ponto, renda mais alta não aumenta a felicidade.

Por quê? De acordo com Kahneman, "quando as pessoas têm muito mais dinheiro, podem comprar muito mais prazeres, mas há alguns indícios de que, com muito dinheiro, você aproveita menos cada prazer". Depois do limiar dos us$ 88 mil, "mais renda deixa de melhorar a capacidade do indivíduo para fazer o que é mais importante para seu bem-estar emocional, como ficar na companhia das pessoas de que gosta, evitar dor e doenças e apreciar o lazer".

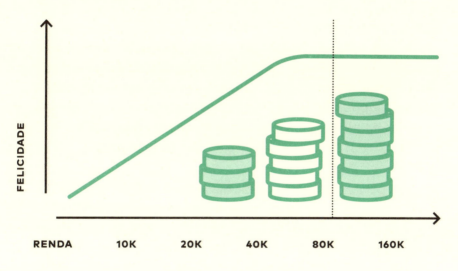

A tecnologia também mudou completamente nosso relacionamento com o dinheiro, permitindo que nos distanciemos dele com mais facilidade. Cartões de crédito, compras on-line e assinaturas removeram

---

* Valor ajustado pela inflação.

de nossa vida a experiência ou a dor do pagamento. Entramos e saímos do Uber sem pegar a carteira. Compramos com um clique, e caixas da Amazon aparecem na porta de casa. Não é de estranhar que não tenhamos ideia de para onde vai nosso dinheiro! E acredite, não temos mesmo. Tente pensar nos seus gastos no último mês, na última semana ou até mesmo no dia de ontem. Vai se chocar com a quantidade de despesas que esquecemos ou simplesmente desconsideramos.

Para completar essa situação, também somos bombardeados o tempo todo por pessoas que querem vender coisas. Orçamentos bilionários de marketing manipulam nossos impulsos e desejos, influenciam nossas buscas na internet e nos fazem pensar que precisamos de coisas que, de outro modo, nem saberíamos que existem. Pense nessas campanhas que incentivam os mimos para si mesmo, por exemplo. Sou totalmente favorável à pessoa se valorizar e se dar aquilo que merece, mas em muitos casos estamos nos dando esses presentes em detrimento das coisas que mais queremos. Se comprar aquele suéter novo ou pedir comida todos os dias o impede de quitar sua dívida do cartão de crédito ou fazer aquela viagem de férias dos sonhos, isso é realmente se presentear?

A DOR DO PAGAMENTO: COMO USÁ-LA A SEU FAVOR

Dan Ariely, professor de psicologia e economia comportamental na Universidade Duke, sugere que "a 'dor do pagamento' é potencializada quando os sentimentos em relação a gastar dinheiro se associam ao consumo".[5] Por isso é que geralmente pagar em dinheiro parece ser pior do que pagar com cartão de crédito. Com cartões de crédito, pagamos mais tarde, o que nos permite dissociar da compra.

Conforme a dor do pagamento aumenta, temos a tendência de gastar menos e também de *apreciar* gastar menos, e vice-versa. Eis algumas maneiras de aumentar ou diminuir a dor do pagamento:

Aumentando a dor do pagamento (diminuindo o gasto)	Diminuindo a dor de pagamento (aumentando o gasto)
Use dinheiro ou cartão de débito	Use cartões de crédito
Ative as notificações quando gastar dinheiro	Mantenha o pagamento oculto
Mantenha um diário do dinheiro	Pague adiantado
Pay-per-use (pague por hora ou por uso um item/serviço)	Inscreva-se em assinaturas de uso ilimitado

Ofertas de serviços financeiros, como cartões de crédito e apólices de seguro, não são diferentes. As empresas manipulam nossas dúvidas e nossos medos financeiros – muitas vezes fazendo com que nos sintamos idiotas – para nos induzir a comprar um produto ou serviço que, na verdade, pode ser prejudicial e desfavorável ao nosso bem-estar financeiro. Não é à toa que não sabemos em quem confiar ou para onde ir!

Essa evidência informal é amparada por pesquisas e estatísticas. Segundo a pesquisa "Stress in America", da American Psychological Association (APA), o dinheiro foi citado como o principal fator de estresse para os norte-americanos em dez dos últimos onze anos (caindo para o segundo lugar em 2017, atrás apenas de "o futuro da nação").[6] Esse estresse não afeta apenas nosso bem-estar emocional. O estresse afeta a essência do nosso mindset, além de todo o sistema psicológico e as emoções. Ele afeta até a produtividade no trabalho.

Aqui vai uma visão geral do mal-estar financeiro nos Estados Unidos:

A pesquisa "Stress in America" de 2017 da APA relata que 62% dos norte-americanos estão estressados com dinheiro.[7]

- De acordo com uma pesquisa do Federal Reserve Board, quase metade da população dos Estados Unidos (44%) não poderia arcar com uma emergência de US$ 400 sem fazer um empréstimo ou vender alguma coisa.[8] Essa estatística engloba adultos de todas as faixas etárias.

- Segundo uma pesquisa da GoBankingRates.com, em 2016 34% dos norte-americanos diziam não ter um centavo guardado – em 2015, eram 28%.[9] A mesma pesquisa relata que a porcentagem da população com menos de US$ 1000 em economias havia saltado para 69%.

- O Economic Policy Institute relata que metade de todos os norte-americanos não tem nenhuma reserva para a aposentadoria.[10]

- Índices de dívida e inadimplência (ou seja, o não pagamento das dívidas) estão aumentando. A família média com dívida de financiamento estudantil acumulava US$ 46.597 em empréstimos, e a família média com problemas no cartão de crédito chegava a US$ 15.654 em dívida, de acordo com um estudo conduzido pela NerdWallet.[11]

A boa notícia é que, embora os números estejam contra nós, temos o poder de mudar as estatísticas e fazer alguma coisa sobre nosso bem-estar financeiro. É possível revolucionar esse paradigma e nos empoderar financeiramente. É aí que entra o Detox Financeiro. Vou ajudá-lo nisso, passo a passo, sempre a seu lado. Não só vamos destruir o monstro do dinheiro, como também prometo que a jornada vai ser divertida!

É PIOR PARA AS MULHERES

Para as mulheres, as coisas são ainda mais sombrias. Quando você leva em consideração a discrepância salarial (as mulheres ganham US$ 0,83 para cada dólar que um homem ganha, de acordo com o Pew Research Center[12]), a diferença de investimento entre os gêneros (o que significa que as mulheres investem muito menos que os homens e, portanto, não fazem seu dinheiro crescer) e o fato de as mulheres viverem muito mais tempo (e, portanto, precisam de mais dinheiro para financiar sua aposentadoria), elas já começam com uma grande desvantagem. Além disso, um "imposto rosa" sobre muitos produtos e serviços criados e comercializados diretamente para as mulheres, como roupas e produtos de higiene, significa que elas acabam pagando mais que os homens pelos mesmos itens ou por itens equivalentes.[13] Um ou dois dólares a mais por uma camiseta básica não parece muito, mas gastos desse tipo podem somar milhares de dólares a mais que as mulheres têm de pagar todos os anos.

O primeiro passo é esclarecer por que lidar com dinheiro é tão difícil para nós. Quando examinamos a fundo as coisas que podem estar nos impedindo de progredir na vida financeira, conseguimos entender por que estamos onde estamos. É possível entender por que não progredimos! Isso nos leva a criar alguma compaixão por nós mesmos e por nossa atual situação financeira. Compaixão e compreensão são o caminho do perdão, que é a chave para seguir em frente. Você já reparou como fala com você mesmo sobre dinheiro? Nós nos punimos, tentamos tirar nossa capacidade de dominar a situação e dizemos coisas terrivelmente cruéis, como:

- "O que está errado comigo? Por que não consigo entender isso?"
- "Sou um idiota."
- "Sempre serei péssimo com dinheiro."
- "Nunca vou conseguir entender minhas finanças."
- "Sou um fracasso."

- 💲 "Sou imprestável."
- 💲 "Não mereço liberdade financeira."

A lista é interminável... e sabe de uma coisa? Não funciona!

Para progredir na vida financeira, é necessário assumir uma posição que seja favorável a nós mesmos. O verdadeiro truque é saber que isso não precisa ser uma batalha, embora estejamos acostumados a sentir que é. Em geral, aquilo que mais queremos torna-se nosso principal objetivo, e conquistá-lo é algo que nos faria realmente felizes. Podemos *pensar* que queremos realizar qualquer compra ou satisfazer um impulso imediato em determinado momento, mas a verdade é que não queremos essas coisas tanto assim se as compararmos ao objetivo maior. Encarar as questões financeiras pode dar a sensação de viver um eterno confronto com o diabo de um lado e o anjo do outro, mas se você parar para pensar com calma vai perceber que não precisa entrar nessa interminável batalha interior. Você está do seu lado.

Estou aqui para dizer que ainda há espaço para muito progresso em sua vida financeira, qualquer que seja sua situação atual, e isso não precisa ser nada complicado. Quando você dá esse primeiro passo de compaixão e perdão, o resto é fácil. Durante seu Detox Financeiro, você vai se reconectar com seus gastos e perceber como lida com dinheiro. Vai retomar as razões desta introdução para todo mundo precisar de um Detox Financeiro e vai se lembrar de que faz todo o sentido estar onde está. Esse processo se chama "jornada" por uma razão: estamos sempre melhorando e crescendo (e às vezes isso significa andar um passo para trás antes de continuar).

Com o Detox Financeiro, você vai aprender uma nova e poderosa linguagem do dinheiro, que vai tornar o processo de planejar – e continuar seguindo o plano – divertido e agradável. Você vai mudar seu mindset e muitas outras concepções, e, quando isso acontecer, nunca mais vai voltar a olhar para o dinheiro do mesmo jeito. É uma transformação. Você vai saber como alcançar seus objetivos, como gastar seu dinheiro com propósitos alinhados aos seus valores e como deixar para trás a culpa e a vergonha.

Você vai economizar dinheiro e se surpreender por sentir que seu estilo de vida tem mais valor e plenitude. Embora os diversos benefícios imateriais do Detox Financeiro sejam convincentes, os resultados palpáveis também são incríveis. Como eu disse, o participante economiza em média US$ 950 durante o programa ou aproximadamente 25% de sua renda bruta mensal. Multiplique esse valor pelos meses e anos que estão por vir e você vai ver que isso dá uma nova dimensão para alcançar seus objetivos.

Você também vai sentir mais clareza e facilidade em outras áreas da vida, porque os exercícios e os princípios deste livro podem ser aplicados a qualquer coisa. Se sua dieta parece estar fora do eixo, é possível aplicar esses mesmos conceitos para melhorar seu relacionamento com a alimentação e a comida. Se está tentando estabelecer uma rotina matinal saudável, mas não tem conseguido fazer dar certo, analise o que você diz para si mesmo sobre novos hábitos. Você entende perfeitamente seu porquê? É tudo igual!

Vamos começar!

SEMANA UM

COMO FUNCIONA

"O jeito mais eficiente de fazer é fazendo."
AMELIA EARHART

Você deve estar aí pensando: *Como isso é possível? Parece bom demais para ser verdade poder economizar tanto dinheiro enquanto melhoro meu estilo de vida. É uma pegadinha? Onde o Detox Financeiro esteve durante todo esse tempo?*

A boa notícia é que isso não é nem de longe uma pegadinha.

Uma das muitas razões pelas quais todos nós precisamos de um Detox Financeiro é que nos tornamos extremamente desconectados de nossos gastos. Esse é um dos primeiros assuntos de *Detox financeiro*. Ao longo do livro, vamos fazer exercícios que nos tornam bastante conscientes e atentos ao que estamos gastando. Parece muito simples, mas só de entender para onde vai nosso dinheiro recuperamos grande parte do controle. Coisas mágicas acontecem quando nos tornamos conscientes.

Por quê? Podemos ver quais gastos estão agregando valor à nossa vida e de quais podemos abrir mão. Ter clareza sobre quanto gastamos por ano em cada despesa pode mudar completamente a forma de decidir como queremos continuar gastando.

Consciência tem a ver com isso. Encarar os números soa assustador, sem dúvida, mas é quase sempre um enorme alívio descobrir o que está acontecendo de verdade com nosso dinheiro. E muitas vezes a situação não é tão ruim quanto pensamos. Aqueles que a princípio parecem ser nossos maiores problemas às vezes são facilmente resolvidos com um passo ou uma sequência de passos simples.

Outra razão para o Detox Financeiro funcionar é que sentimos a mudança em nosso mindset e em como percebemos as coisas. Saímos de um lugar de escassez para um de abundância. E como é um mindset de escassez? É nosso modo padrão de encarar o dinheiro. Quando estamos em modo de escassez, o que ganhamos nunca é suficiente. Sempre haverá mais coisas e mais experiências de que precisamos ou desejamos, e vamos sempre querer ganhar mais.

Muitas pessoas simplesmente adorariam duplicar seus salários. Não só adorariam, como também acreditam que essa seria a solução para todos os problemas financeiros. Pense nisso. Você não concorda? Se seu salário duplicasse, você conseguiria comprar as coisas que quer, começaria a economizar uma quantia significativa ou finalmente quitaria a dívida do cartão de crédito. Isso é uma ilusão! De acordo com um estudo da Universidade Vanderbilt, o índice de falência entre ganhadores de prêmios da loteria é quatro vezes maior que na população em geral.[14] De três a cinco anos depois de ganhar na loteria, muitas dessas pessoas acabam exatamente onde começaram, ou pior ainda – no zero.

A *Sports Illustrated* relatou em um estudo de 2009 que depois de dois anos de aposentadoria 78% dos jogadores da NFL vão à falência ou sofrem estresse financeiro causado por desemprego ou divórcio.[15] Depois de cinco anos de aposentadoria, aproximadamente 60% dos ex--jogadores da NBA estão falidos. Como George S. Clason afirma em seu livro *O homem mais rico da Babilônia*, "o que chamamos de 'despesas necessárias' sempre crescerá para tornar-se igual a nossos rendimentos, a menos que façamos alguma coisa para inverter essa tendência".[16] Em outras palavras, não conseguimos ganhar mais do que gastamos.

Esse é nosso mindset de escassez em ação – e escassez não funciona. Essa forma de pensar nos leva à situação angustiante do diabo versus o anjo. Queremos coisas, mas nos privamos delas e tentamos nos punir e adotar uma postura de submissão. Impomos restrições a nós mesmos e dizemos não, mas depois de um tempo nos rebelamos e saímos do eixo. Além de não funcionar para nossos objetivos, isso nos priva de sentir alegria na vida, porque ficamos presos em um ciclo de comprar por impulso, sentir muita culpa e depois começar tudo de novo.

Passar para um mindset de abundância interrompe esse ciclo. É uma alteração sutil, mas as pessoas relatam que simplesmente deixaram de sentir vontade, desejo ou necessidade de coisas que costumavam comprar. O comprador compulsivo deixa de sentir necessidade de comprar. Aquele que se diz dependente de café faz um caminho diferente para o trabalho e não para na cafeteria. Por que isso acontece?

Quando estamos em situação de abundância, já temos mais do que o suficiente. Na primeira semana do Detox Financeiro, vamos trabalhar para superar todas as despesas banais – seja qual for sua definição delas. Quando abrimos mão dos gastos supérfluos, tomamos consciência de quanto já temos. Vamos eliminar muitas despesas da vida cotidiana, mas isso não vai ser tão ruim quanto parece. É um exercício que de fato nos faz abrir os olhos!

Abrir mão dos gastos supérfluos por uma semana também muda nossos hábitos. Quando eliminamos algumas despesas recorrentes, percebemos que elas não são realmente necessárias. Em alguns casos, podemos até ser mais felizes sem elas! Esse fenômeno é semelhante ao de um suco detox, na medida em que modifica sua rotina e ajuda a eliminar alguns hábitos que mais atrapalham do que ajudam.

Talvez você perceba que tem mais energia quando leva uma marmita saudável para o trabalho, em vez de pedir um fast-food ao meio-dia, ou que não se importa em tomar o café grátis do escritório e prefere usar o dinheiro da cafeteria para coisas mais importantes.

Mudar a rotina permite que você dê um passo para trás e ganhe uma nova perspectiva. Pode ser o primeiro passo para eliminar uma despesa ou, surpreendentemente, tudo de que precisamos para fazer uma mudança.

Descobri que meus clientes mais bem-sucedidos vivem outra mudança de mindset muito específica durante sua jornada financeira. Eles começam a partir de um mindset de crescimento, em vez de um mindset fixo – um conceito estabelecido por Carol Dweck, professora de psicologia na Universidade Stanford e pesquisadora do campo da motivação. Em seu best-seller, *Mindset: A nova psicologia do sucesso*, Dweck identifica mais dois mindsets centrais:

1. O mindset fixo: a crença de que as capacidades do indivíduo foram predeterminadas no nascimento e são esculpidas em pedra.
2. O mindset de crescimento: a crença de que as habilidades e qualidades podem ser cultivadas por meio de esforço e perseverança.[17]

Esses mindsets afetam todas as áreas da vida, das finanças à educação, da igualdade à cultura corporativa (e assim por diante). Em sua palestra de 2014 intitulada "O poder de acreditar que se pode melhorar", Dweck discute um experimento que estabelece a diferença entre os dois mindsets.[18] No estudo, ela propôs a crianças de dez anos um problema considerado razoavelmente difícil para elas. As que tinham mindset de crescimento diziam coisas como "adoro um desafio" ou "eu esperava que isso fosse informativo". Esses indivíduos queriam aprender e crescer. Aqueles que tinham mindset fixo, por outro lado, achavam que era trágico e catastrófico não conseguirem resolver um enigma com facilidade. Sentiam que haviam falhado, o que significava, para eles, que não eram inteligentes.

Resumindo a história: a pesquisa de Dweck mostra que aqueles com mindset fixo fogem da dificuldade, enquanto os que têm mindset de crescimento se dedicam a problemas e enigmas e demonstram disposição para aprender e crescer com desafios.

PENSE NO SEU MINDSET POR UM MOMENTO. COMO DESCREVERIA SEU COMPORTAMENTO QUANDO SE VÊ DIANTE DE DIFICULDADES E DESAFIOS?

_____

_____

_____

_____

_____

_____

_____

_____

_____

_____

_____

Talvez você perceba que tem o mindset de crescimento na maior parte do tempo, mas que adota um mindset fixo ao ser induzido por determinados assuntos, pessoas ou situações. Todo mundo tem seus gatilhos, e dedicar um tempo a tentar entendê-los é um dos passos mais importantes para alcançar um mindset de crescimento.

Para muitas pessoas, as finanças podem ser justamente o gatilho para promover um mindset fixo. Mesmo que sejamos confiantes em outras áreas da vida – no trabalho, nos relacionamentos –, somos incapazes de estender essa mesma disposição para nos envolver e lidar com nossas finanças pessoais. As incapacidades parecem ser esculpidas em pedra, e temos a sensação de que é inútil até mesmo tentar aprender. Então, em vez disso, fugimos. Isso nos impede de enfrentar o que está acontecendo em nossa vida financeira e de correr atrás daquilo que realmente almejamos, o que também dá a sensação de mais um fracasso. O mindset fixo cria esse ciclo infinito.

O trabalho que fazemos no Detox Financeiro nos ajuda a mudar de um mindset fixo para um mindset de crescimento. Primeiro, mudamos o tom daquela nossa voz interior em relação a contratempos e fracassos, passando a examiná-los sem julgamento. Estamos falando sobre o poder do *ainda*. Você pode não estar no lugar que quer em sua vida financeira *ainda*, ou talvez esse lance de finanças pessoais não esteja dando certo *ainda*. Com essa modificação, somos capazes de plantar e cultivar o bem-estar financeiro, como qualquer outra habilidade.

Não consigo começar a poupar...   ... ainda.

Não sei como investir...   ... ainda.

Não sou bom com essa coisa de dinheiro...   ... ainda.

Não sei como vou conseguir pagar
meus empréstimos...   ... ainda.

Não sei como vou começar a poupar para
a aposentadoria...   ... ainda.

Essa coisa de "ser responsável com
o dinheiro" não funciona para mim...   ... ainda.

O Detox Financeiro também nos faz entender melhor nosso relacionamento com o dinheiro. De cara pode parecer estranho, mas nossa relação com o dinheiro é como qualquer outro relacionamento na vida. É como interagimos e nos relacionamos com o dinheiro. O relacionamento com o dinheiro se desenvolve ao longo do tempo e sofre influência de *vários fatores*. A forma como nossos pais lidavam com o dinheiro interfere diretamente nesse processo. Mentores, professores, amigos, nossas experiências pessoais e a sociedade de maneira geral também entram nessa equação.

Tente descrever como você interage e se relaciona com o dinheiro, depois transponha essa conduta para um relacionamento importante de sua vida. Por exemplo, como seria sua relação com seus melhores amigos se você simplesmente os ignorasse? É provável que eles não ficassem muito felizes. Isso também vale para o seu dinheiro.

_____
_____
_____
_____
_____
_____
_____
_____
_____
_____

Embora a situação financeira pessoal seja de extrema importância, muitas vezes ela é uma das primeiras áreas da vida que negligenciamos. Isso afeta nossos resultados, nosso bem-estar e a forma como conquistamos nossos objetivos. Prestar atenção à vida financeira pode fazê-la prosperar, por isso comece procurando sinais positivos.

"OBA!"

GANHADOR!

"NÃO SABIA QUE TINHA ESSA CONTA"

Ao tomar consciência de seu relacionamento com o dinheiro, talvez você note que tem algumas crenças em relação a ele e a você mesmo (ou ao dinheiro em geral) que podem impedir seu progresso. Por exemplo, alguém que cresceu pensando que dinheiro é sinônimo de ganância vai ter muita dificuldade para enriquecer ou manter a grana em sua conta bancária. E isso faz todo o sentido! Por que alguém ia querer ser ganancioso? Se acreditamos realmente que dinheiro significa ganância, não vamos nos permitir ganhá-lo e conservá-lo.

Crenças que nos impedem de atrair e conservar riqueza	Crenças que nos ajudam a atrair e conservar riqueza
"Ter dinheiro é sinônimo de ganância."	"Farei coisas grandiosas com meu dinheiro."
"Dinheiro nos torna maus."	"Tem dinheiro suficiente para todo mundo."
"Odeio dinheiro."	"Tenho tudo de que preciso e quero."
"Dinheiro só resulta de trabalho duro e sacrifício."	"Sou um ímã de dinheiro."
"Não mereço ter dinheiro."	"Sou feliz, saudável e rico."
"Tempo é dinheiro."	"Sou abundante."
"Gente rica chega lá tirando proveito dos outros."	"Dinheiro me torna generoso."

QUAIS SÃO ALGUMAS DE SUAS CRENÇAS SOBRE DINHEIRO?

Há pessoas que conquistam seus objetivos financeiros punindo-se e adotando uma postura submissa (assim como existem pessoas que obtêm ótimos resultados físicos por meio de dietas restritivas e punitivas). Mas para a maioria essa abordagem não funciona tão bem assim e ainda tira grande parte do prazer e da felicidade da vida. É possível alcançar objetivos e se divertir enquanto faz isso! Um não exclui o outro.

Quando nos tornamos conscientes e atentos ao que está acontecendo com nossas finanças, favorecemos o mindset de abundância e criamos um relacionamento harmonioso com o dinheiro, o que nos dá a clareza e a base para pensar em um plano. Enquanto essa maravilhosa transformação não acontecer, não seremos capazes de criar um plano poderoso, com propósito.

  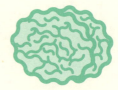

| Saber quem você é e o que quer | Escolher seu relacionamento com o dinheiro e criar um mindset de abundância | Ter conhecimento, habilidades e ferramentas para criar um plano |

Para muitas pessoas, a palavra *plano* implica um orçamento terrivelmente restritivo. No entanto, como já vimos, escassez não funciona. O que propomos durante o Detox Financeiro é muito diferente de um orçamento tradicional. Criamos uma "alocação de felicidade", um plano no qual analisamos o dinheiro que entra e decidimos como distribui-lo de forma a nos fazer mais felizes a curto e longo prazo. Não importa se ganhamos muito ou pouco, sempre temos uma determinada quantia em dinheiro (que vou chamar de "*pizza*") e só podemos gastar ou usar cada centavo que temos uma vez. Por que não trabalhar para maximizar nossa felicidade por dólar?

Mais cedo ou mais tarde, a alocação de felicidade acaba se tornando nosso novo estilo de vida financeira. Não estamos mais no processo de Detox, porque criamos um jeito inovador e poderoso de viver que nos leva a conquistar objetivos e maximizar a alegria da vida com base em nossos valores.

ALOCAÇÃO DE FELICIDADE
Pizza de dinheiro

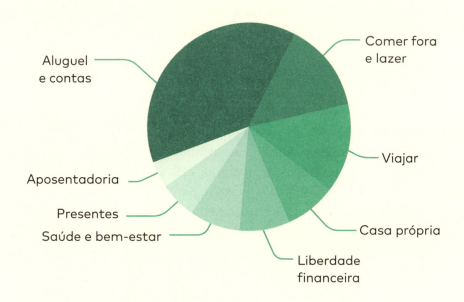

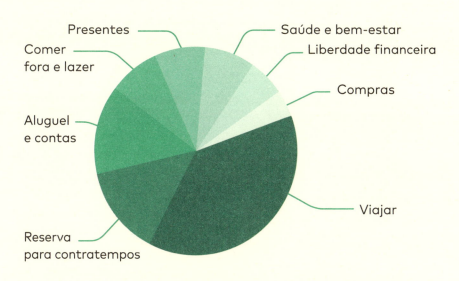

É por isso que o programa é fácil, na verdade. Quando você aproveita a vida e gasta seu dinheiro com propósito, não tem a sensação de que falta alguma coisa. Depois de ter se perdoado, desenvolvido compaixão e criado um relacionamento saudável com o dinheiro tendo em mente a ideia de abundância, você percebe que não há nada que queira mais do que conquistar seus objetivos.

Quando embarcar em seu Detox Financeiro, esteja aberto à mudança e se dedique com afinco a cada um dos exercícios. Lembre-se de que todos podem se beneficiar desse processo e de que você não está sozinho nisso. Estarei a seu lado em cada etapa, de forma que essa jornada não seja penosa ou assustadora. Se esperar resultados formidáveis de si mesmo e do programa, eles vão aparecer. Se estiver disposto a mudar e praticar compaixão e perdão ao longo do caminho, prometo que tirará bom proveito disso tudo.

PREPARE-SE PARA O SUCESSO

"Não espere até ter as condições perfeitas para
começar. Começar torna as condições perfeitas."
ALAN COHEN

Se o assunto é nossa vida financeira – e a vida em geral –, é fácil entrar na rotina de seguir em frente sem olhar para trás. Somos parte de uma cultura que recompensa ação e produtividade. Gosto de planejar tudo de forma praticamente obsessiva, então entendo bem como é maravilhosa a sensação de riscar algum item da lista de tarefas. Embora fazer as coisas acontecerem seja ótimo – e eu não me atreveria a privar ninguém disso durante o Detox Financeiro –, é importante reservar algum tempo para se preparar para essa jornada e refletir sobre ela antes de tudo.

É tentador se jogar de cabeça, fazer os exercícios correndo e passar para a próxima etapa, mas nunca é demais enfatizar a importância de dedicar um tempo a se preparar para o sucesso e realmente pensar com calma, de forma que você possa melhorar e fazer os ajustes necessários para a semana seguinte.

Também temos a tendência de querer esperar até que tudo esteja perfeito para embarcar num grande projeto. Talvez você prefira esperar até ter um mês mais tranquilo para poder ficar em casa, preparar suas refeições e fazer o programa da forma mais "perfeita" e simples possível. Ou, se você viaja muito a trabalho, um mês ideal seria aquele em que tivesse o mínimo possível de viagens marcadas. Mas se você for sempre esperar pela situação perfeita, nunca vai começar. Além disso, uma realidade falsa que não reflete como sua vida costuma ser é, na verdade, o momento menos apropriado para fazer o Detox Financeiro.

O Detox Financeiro é mais valioso quando integrado à vida como ela é. Se sua vida inclui viajar a trabalho, passar tempo com amigos e ir a festas, tudo isso precisa fazer parte do seu Detox Financeiro. Aliás, as coisas que você pensa que vão atrapalhar o Detox Financeiro *são* aquelas que terão o maior impacto nesse aspecto de sua vida. Então, se você tem uma semana agitada, um fim de semana repleto de planos ou férias marcadas, esse é, na verdade, o momento perfeito para começar seu Detox Financeiro!

Dito isso, o Detox Financeiro *é o que você faz dele*, por isso é importante criar tempo para ler os capítulos e fazer os exercícios. Uso a palavra "criar" de propósito. Apesar de não parecer, não somos reféns da nossa agenda – temos o poder de decidir a que dedicamos nosso tempo. Você já notou que não fazemos as coisas quando não planejamos nosso tempo ou não incluímos a lista de tarefas na agenda? Isso é a Lei de Parkinson em ação.

A Lei de Parkinson é a ideia de que as coisas ocupam o espaço que damos a elas. Já notou que a gaveta de tranqueiras sempre fica lotada, que as reuniões se estendem além do tempo que reservamos para elas, e que os gastos sempre chegam ao limite disponível na conta bancária (às vezes até em centavos!)? *É a Lei de Parkinson agindo.*

A Lei de Parkinson é válida em todas as áreas da vida. Depois que a conhecer, você a verá por toda a parte. Esse fenômeno pode ser a razão do caos em nossa vida quando o notamos pela primeira vez, e tudo bem. A boa notícia é que, depois que o conhecemos e reconhecemos, podemos usá-lo a nosso favor para alcançar objetivos mais depressa e com mais facilidade.

ALGUMAS MANEIRAS DE USAR A LEI DE PARKINSON A SEU FAVOR EM TODAS AS ÁREAS DA VIDA:

Mantenha a simplicidade. Não se pode ter e fazer tudo. Leve em consideração os pontos mais importantes e decida com determinação como quer investir seu tempo e gastar seu dinheiro.

Estabeleça objetivos com prazos. Objetivos grandes e ambíguos são uma armadilha da Lei de Parkinson. Você já teve um dia inteiro para fazer alguma coisa e no fim acabou *não* fazendo? Eu também! Fragmente objetivos maiores em etapas pequenas, mais específicas, e determine prazos para cada uma.

Crie tempo na sua agenda. Se você quer dedicar um tempo a alguma coisa, marque na agenda (mesmo que seja algo pequeno). Caso contrário, seu tempo será tomado de outra forma, e você vai continuar adiando o momento para uma data futura.

Dê a si mesmo menos tempo para concluir tarefas. Quando marcar coisas na agenda, tente reservar menos tempo para cada tarefa. Você pode se surpreender ao descobrir que dá conta de fazer tudo!

Programe tarefas para o automático sempre que possível. Coisas automatizadas não tomam nenhum tempo, e você tem certeza de que serão feitas.

Use a Lei de Parkinson a seu favor reservando duas horas por semana em sua agenda para o Detox Financeiro. Isso vai garantir tempo para a leitura dos capítulos e para completar os exercícios de cada semana. Não precisa ser um *único* período de duas horas; você pode decidir como quer incluir esse tempo em sua agenda levando em conta como trabalha melhor e o que mais tem marcado.

Se separar duas horas for inviável considerando o que você tem para fazer no próximo mês, é possível cronometrar seu Detox Financeiro de outro jeito. Não esqueça também que nada disso precisa ser fixo. Se duas sessões de uma hora por semana não vão dar certo porque você esqueceu que estaria trabalhando na primeira hora – ou por qualquer outra razão –, faça ajustes quando necessário.

Tire alguns minutos (se ainda não fez isso) para pensar bem em como quer organizar seu Detox Financeiro. Depois reserve tempo em sua agenda para cada semana do programa. Talvez tenha que reorganizar um pouco os horários ou abrir mão de alguns compromissos, mas o tempo que dedicar a seu Detox Financeiro vai valer a pena, garanto!

Sei o quanto pode ser difícil terminar alguma coisa depois de começar, mas é *justamente agora* que você vai entender a importância de concluir esse programa de Detox Financeiro.

Foi por isso que criei um termo de sucesso para você ler e assinar. É uma promessa que você faz a si mesmo de concluir esse Detox Financeiro para que possa criar um mindset financeiro livre de estresse e viver tudo o que realmente quer. Esse termo é uma forma de compromisso com você mesmo e um lembrete do que se dispôs a realizar.

Detox Financeiro de Trinta Dias
TERMO DE SUCESSO

Eu aceito o desafio do Detox Financeiro de Trinta Dias me comprometendo com o seguinte:

1. Assumir total responsabilidade por meu progresso e pelos resultados. Entendo que sou a única pessoa que pode me tornar bem-sucedido.

2. Concordo em confiar e seguir passo a passo o programa de Detox Financeiro.

3. Concordo em me dedicar inteiramente a esse programa. Isso significa reservar tempo em minha agenda para ler o livro e completar os exercícios a cada semana.

4. Entendo que o trabalho nem sempre será fácil. No entanto, não vou desistir, fazendo do Detox Financeiro uma prioridade.

5. Concordo em pedir ajuda e participação de outras pessoas quando enfrentar desafios.

6. Entendo que pessoas bem-sucedidas permanecem abertas ao aprendizado e ao aperfeiçoamento. Comprometo-me a estudar todo o material do programa (mesmo que já conheça alguns conceitos) e chegar a um novo patamar.

7. Dou a mim mesmo total permissão para ir atrás dos meus maiores sonhos.

Nome: _____

Data: _____

Toda essa maravilhosa preparação vai deixar você pronto para o sucesso em seu Detox Financeiro, embora sucesso não signifique que você vai fazer tudo de maneira perfeita. Você vai desenvolver novos hábitos e mindsets, e vai haver momentos ao longo do processo em que você vai esquecer, cometer deslizes e regredir aos antigos modos de escassez. Se encontrar um gatilho para um mindset fixo, lembre-se de que essa é uma jornada financeira e que suas habilidades e seus costumes vão evoluir com o tempo. Pode ser tentador jogar a toalha quando cometer o primeiro "erro". Lembre-se de que é nos percalços da vida que a magia acontece, e a forma como você reage a eles pode ser o triunfo ou o fracasso do seu Detox Financeiro.

Por exemplo, supondo que você reserve horários em sua agenda para se dedicar ao Detox Financeiro todas as semanas, mas alguma coisa acontece, você acaba se atrasando para o trabalho e perde o compromisso que havia marcado consigo. Seria fácil pensar algo negativo, como *Olha aí você estragando tudo de novo! Nunca vai ter sucesso em sua vida financeira*. Mas esses contratempos são inevitáveis, e há maneiras muito mais eficazes de lidar com eles. Primeiro, desperte o detetive que há em você. Por que não compareceu ao compromisso com você mesmo? Se a culpa foi de uma reunião de trabalho inesperada, por que não remarcou sua sessão de Detox Financeiro para um horário melhor?

Foi realmente o trabalho que atrapalhou ou você ainda está evitando encarar suas finanças?

Sejam quais forem as razões e as circunstâncias, analise-as com compaixão e compreensão. Sabe todos aqueles motivos que tornam a questão do dinheiro tão *complicada*? Não é à toa que você está protelando para começar. Para ser franca, digamos que é preciso ser maluco para *querer* começar!

Outro lembrete útil: não é possível "ficar para trás" no Detox Financeiro. Sim, a princípio o programa de Detox Financeiro dura quatro semanas, mas você não está atrasado se tiver que dedicar dez dias à Semana Três ou até três semanas à Semana Quatro. Dizer que estamos ficando para trás é outra maneira sorrateira de nos permitir a autopunição e, em algum momento, até desistir. Você pensa: *Estou tão atrasado e deixando de cumprir tantas coisas, de que adianta continuar nisso? Já estraguei tudo.* Isso não vai funcionar!

Tudo está acontecendo como tem de acontecer. Confie no processo, siga em frente, apesar dos percalços e dos obstáculos que encontra pelo caminho, e trate a si mesmo com a gentileza que dedicaria a um amigo passando por algo semelhante.

ESTE É SEU CHECKLIST PARA SE PROGRAMAR PARA O SUCESSO AO COMEÇAR SEU DETOX FINANCEIRO DE TRINTA DIAS:

- ☐ Crie tempo para o programa em sua vida.
- ☐ Marque cada semana na sua agenda.
- ☐ Assine o termo de sucesso.
- ☐ Motive-se!

SEMANA UM

VISÃO GERAL

*"Em vez de olhar para o passado, eu me imagino vinte
anos à frente e tento olhar para o que preciso saber
agora a fim de chegar lá."*
DIANA ROSS

O que você quer realizar nos próximos trinta dias ou ao longo desse programa? Que conquista o faria dizer: "Uau! Esse Detox Financeiro valeu a pena!"? Pode ser um (ou muitos) de seus objetivos financeiros. Por exemplo, talvez você queira quitar a dívida do cartão de crédito, criar uma poupança para se proteger em caso de emergência, fazer uma viagem de férias com a qual sonha ou economizar para comprar a casa própria. O objetivo pode ser até alguma coisa mais subjetiva ou uma sensação que deseja experimentar, como paz de espírito em sua vida financeira, sentir-se poderoso em decisões que envolvem grana ou reduzir a culpa no dia a dia e a preocupação que tem em relação ao dinheiro.

Confie em sua intuição. Quanto mais pensamos nas coisas, mais ficamos confusos. Além do mais, o que hoje você entende por conquista pode e provavelmente vai mudar um pouco durante o Detox Financeiro, então não se cobre muito para escolher a intenção perfeita. Você vai ter chances para se adaptar!

Sonhe grande quando determinar sua intenção. Por quê? Uma das coisas mais loucas e mais legais de suas intenções é que elas normalmente acontecem. Pode parecer bom demais para ser verdade, mas esse fenômeno pode ser explicado pela neurociência. Ao estabelecer uma intenção, você direciona o sistema ativador reticular (SAR) do cérebro para o resultado desejado. O SAR funciona a partir de imagens e atua para preencher a lacuna entre o que vislumbramos e nossa situação atual. Ele aproxima o que queremos de onde estamos. O SAR é a parte do cérebro que filtra toda a informação sensorial desnecessária para nós. A melhor parte é que, por operar dessa forma, o SAR não percebe a diferença entre uma imagem e a vida real.[19]

Estabelecer a intenção para o Detox Financeiro põe esse processo em movimento. O SAR começa a trabalhar para conquistar o que queremos. E ele dá um novo significado à famosa citação de William Arthur Ward: "Se você é capaz de imaginar, é capaz de realizar".

O QUE VOCÊ QUER DO SEU DETOX FINANCEIRO DE TRINTA DIAS?

Estabeleça sua intenção:

_____

_____

_____

_____

_____

_____

_____

_____

_____

_____

O engraçado é que, em relação à nossa vida financeira, é comum não conseguirmos imaginar que vamos ter o que queremos, porque pode parecer algo muito distante de onde estamos. Talvez você acredite que ter um relacionamento saudável com o dinheiro é absolutamente impossível ou que economizar para comprar a casa própria é algo fora do seu alcance. Aqui vão algumas estratégias para potencializar o sucesso de sua intenção.

Pratique a visualização

A visualização é uma técnica muito eficaz para ajudar na conquista de objetivos e intenções. Isso foi demonstrado pelo fisiologista do exercício Guang Yue, da Cleveland Clinic, que fez um estudo com participantes divididos em dois grupos. O primeiro realizou exercícios físicos durante doze semanas, enquanto o outro grupo fez apenas "contrações mentais" dos mesmos exercícios – ou seja, visualizavam os exercícios mentalmente – pelo mesmo período. No fim do treinamento, o primeiro grupo tinha aumentado a força física da área de foco em 53%. Aqueles que só haviam feito as contrações mentais por meio de visualização também aumentaram a força física da área de foco... em 35%![20] Como você pode ver, visualizar a intenção pode ter um tremendo impacto nos resultados.

Incorpore uma prática de visualização da intenção à sua rotina. Use todos os sentidos. Se sua intenção já fosse realidade, como você se sentiria? Preste atenção aos detalhes, inclusive cheiros, sons e sentimentos, para tornar tudo ainda mais real.

DICAS PARA UMA VISUALIZAÇÃO EFICIENTE:

- 💲 Visualize quando estiver relaxado.
- 💲 Visualize usando os cinco sentidos.
- 💲 Pratique a visualização observando-se viver sua intenção de uma perspectiva externa e vendo sua intenção por meio de sua perspectiva interna.
- 💲 Escreva um roteiro detalhado do que quer visualizar.
- 💲 Visualize apenas sucesso.
- 💲 Visualize o processo de correção ou recuperação de um erro.
- 💲 Visualize o que vê, bem como os sentimentos que as imagens produzem.
- 💲 Seja criativo e divirta-se!

Crie mantras financeiros eficientes

Embora sempre pensemos que mantras – coisas que repetimos para nós mesmos – são positivos, provavelmente seus atuais mantras financeiros não devem lá ser muito inspiradores. Você pode dizer a si mesmo: *Sou horrível com dinheiro* ou *Sou ruim em matemática, por isso nunca vou ser capaz de cuidar das minhas finanças.* Mantras financeiros negativos como esses o impedem de agir e avançar em direção aos seus objetivos, transformando-se em profecias autorrealizáveis.

Quando dizemos alguma coisa a nós mesmos muitas vezes, mais cedo ou mais tarde tomamos atitudes coerentes com o que repetimos. Essas atitudes levam a resultados que reforçam ou perpetuam nossos mantras financeiros. Por exemplo, se você diz a si mesmo que nunca vai ser capaz de cuidar de suas finanças, não tomará atitude nenhuma, ou então tomará algumas atitudes coerentes com alguém que não sabe cuidar das próprias finanças. Quando uma decisão importante precisa ser tomada, você pode evitá-la completamente, ouvir o conselho de um colega de trabalho com mantras financeiros semelhantes aos seus ou até seguir um palpite aleatório, porque acha que não vai conseguir decidir da melhor maneira. Consequentemente, você não resolve essa questão – ou não resolve muito bem –, e os resultados são diferentes daqueles que esperava. É aí que você pensa: *Viu? Sou péssimo para lidar com minhas finanças*, o que reforça seu mantra financeiro. É um ciclo vicioso!

ANTIGO MANTRA FINANCEIRO

Sou péssimo com dinheiro. Nunca achei que levasse jeito para isso.

RESULTADOS
Inação. Decisões nada satisfatórias. Redução de bem-estar financeiro.

NOVO MANTRA FINANCEIRO

Tenho tudo de que preciso para ser um investidor sensato.

RESULTADOS
Ação. Decisões satisfatórias. Aumento de bem-estar financeiro.

Você já deve ter usado mantras que não foram muito favoráveis durante bastante tempo – talvez dez, vinte ou até cinquenta anos –, e eles não desaparecem da noite para o dia. Embora não seja possível removê-los de dentro de si de forma imediata e permanente, você pode substituí-los por mantras que são poderosos e atendem a suas intenções e seus objetivos maiores. Por exemplo: "Tomo decisões financeiras conscientes e deliberadas" ou "Tenho tudo de que preciso para lidar com minhas finanças pessoais de um jeito empoderado". Mesmo que no começo tenha que fingir que são verdade, esses mantras financeiros começarão a influenciar decisões e ações pessoais e o levarão a avançar em direção a suas intenções, em vez de afastá-lo delas.

Seja o advogado do diabo e entenda que isso não é impossível

Podemos levar o exercício do mantra financeiro ao extremo se logo no começo nosso mantra for desprovido de significado. Para fazer isso, encontramos evidências de que ele não é verdadeiro. Se seu mantra financeiro negativo diz que você é péssimo com dinheiro, encontre alguns exemplos de escolhas financeiras positivas ou benéficas. Se forem difíceis de encontrar, pode começar pelas escolhas neutras!

Você também pode colher evidências pensando sobre o motivo de ter tomado algumas decisões. Outra pessoa teria feito o mesmo no seu lugar? Com essas informações, é bem provável que na próxima vez você tome uma decisão mais positiva e embasada.

Quando reunimos a pesquisa e as razões para desbancar nossos mantras financeiras negativos, eles perdem muito de seu poder. Você pode não ter uma lista de contraprovas, mas para mim a dúvida razoável é prova suficiente!

Converse com quem já fez isso

Quando você tem uma intenção grandiosa e incrível que pode parecer um pouco exagerada ou impossível de realizar, não há jeito melhor de transformá-la em uma possibilidade do que conversar com pessoas que já estiveram nessa posição e se saíram bem. Além de provar que sua intenção é possível, você aprende como essas pessoas chegaram lá, de forma que você também consiga, e com mais facilidade.

Dinheiro é um assunto tabu, por isso talvez você não saiba se alguém em seu círculo pessoal já conseguiu realizar o que você pretende. Se for esse o caso, falar sobre sua intenção vai incentivar as pessoas a compartilhar experiências. Você também pode recorrer a livros, sobretudo biografias de pessoas que conquistaram o sucesso financeiro, para descobrir como elas foram bem-sucedidas.

DICA: Você pode dedicar cinco minutos por dia para fazer uma visualização? Ou para procurar amigos que realizaram as mesmas intenções financeiras que você? Reserve esse tempo na sua agenda para tomar as medidas a fim de potencializar sua intenção.

Espere que tem mais! Não é só a intenção que determina seus resultados no Detox Financeiro – e o sucesso de seus objetivos financeiros de maneira geral –; também é sua motivação para entrar nessa de verdade. Sua intenção não é apenas o objetivo que você busca realizar, mas também o maior **porquê** por trás de cada atitude que você vai tomar no próximo mês. Quando escrever sua intenção para o Detox Financeiro, você deve ter certeza de que vai até o fim e incluir esse raciocínio mais profundo. Sim, o **quê** pode ser animador e motivador, mas o **porquê** é o que você realmente quer alcançar. Ele é seu verdadeiro objetivo.

Por exemplo, se sua intenção é quitar a dívida do cartão de crédito, pense em por que isso é importante para você. O alívio vai ser imenso, você vai economizar muito com os juros, vai ter mais dinheiro para investir em coisas que valoriza, ou vai se sentir em paz?

Ou digamos que sua intenção seja viver com menos culpa e estresse em relação ao dinheiro. O que isso vai proporcionar a você? Vai dar o fôlego para finalmente mudar de carreira ou começar um novo negócio? Talvez permita que você viva o relacionamento feliz e tranquilo que sempre quis ter ou então tenha mais tempo para fazer coisas que considera divertidas.

ENCONTRE SEU *PORQUÊ* COM O EXERCÍCIO "A FIM DE".

Comece escrevendo sua intenção ou o que você quer conquistar com o Detox Financeiro. As razões por trás de sua intenção são importantes e devem ser incluídas, porque são as partes gostosas dos nossos objetivos. Elas são a força propulsora por trás do que você quer conquistar. Por exemplo, suas intenções podem ser: "Quero economizar US$ 10 mil, quitar minha dívida do cartão de crédito e comprar um apartamento". Então, escreva sua resposta para: "A fim de..."

EXEMPLO:

Eu quero...
Ser rico.

A fim de...
Ter liberdade financeira.
Poder comprar e fazer coisas que são importantes para mim.
Ter uma vida plena e com propósito.
Compartilhar experiências importantes com meus amigos e minha família.

ESCREVA SUA INTENÇÃO E SEIS RESPOSTAS PARA CHEGAR AO CERNE DO SEU *PORQUÊ*.

Eu quero...

A fim de...

DIÁRIO DO DINHEIRO E LISTA DE DESPESAS

DIRETRIZES PARA A SEMANA UM

"Feito é melhor que perfeito."
UM DOS LEMAS FAVORITOS DE SHERYL SANDBERG

Uma das coisas mais importantes que vou pedir para você fazer durante seu Detox Financeiro é manter um diário do dinheiro, onde você vai anotar ou digitar tudo o que gasta e ganha, e é *tudo* mesmo. Comprou um chiclete na padaria do bairro? Anote no diário do dinheiro. Encontrou uma moeda na rua? Inclua no seu diário do dinheiro. É como um registro de alimentação, mas para o dinheiro!

Com toda a tecnologia disponível, extratos de cartão de crédito e aplicativos para acompanhar despesas e receitas, esse exercício pode parecer bobo, simples ou até redundante. Mas é impossível ficarmos alheios quando anotamos ou digitamos quanto ganhamos e gastamos. Voltamos a ver para onde o dinheiro vai, e isso é mágico.

Como com qualquer novo hábito, é importante facilitar ao máximo no início. Se você gosta de escrever em um caderno, leve-o sempre com você. Se acha mais fácil manter seu diário do dinheiro em uma planilha ou em anotações no seu celular, vá em frente. Se tem um aplicativo que permite a inclusão manual de despesas (em vez de sincronização automática), use-o.

DICA: Programe um alarme para registar seu dia no diário!

É inevitável pular algumas despesas ou até esquecer de alimentar o diário do dinheiro de vez em quando. Esse processo não tem a ver com ser perfeito ou ter o diário do dinheiro mais preciso do mundo. Tem a ver, na verdade, com a experiência do acompanhamento. Tente lembrar o que deixou de registrar, mas não tem problema se não conseguir. Continue de onde parou.

Caso esquecer de registrar os dados no diário do dinheiro se torne um hábito, investigue. O que você pode mudar para estar pronto para o sucesso? Você pode testar programar lembretes ou criar recompensas divertidas para quando atualizar seu diário do dinheiro. Vale o mesmo princípio: é muito mais importante fazer do que fazer com perfeição.

Não existe jeito certo ou errado de alimentar o seu diário. No mínimo, anote o que ganhou ou gastou e onde foi. Por exemplo, US$ 5 em café e um lanche, ou US$ 100 ganhos por andar com o cachorro do vizinho. Nas primeiras duas semanas, faça registros simples. Depois, você pode dividir as despesas em categorias mais específicas. Eu acho muito útil refletir sobre cada despesa. Como se sentiu antes de fazer a compra e como se sentiu depois dela? Achou que valeu a pena?

EXEMPLO DE DIÁRIO DO DINHEIRO:

Item	Quantidade	Experiência antes de comprar/ ganhar	Experiência depois de comprar/ ganhar

Depois, crie uma lista de suas despesas diárias, semanais, mensais, anuais e esporádicas. Para ajudar você a começar, eis alguns gastos comuns que podem servir de referência:

Algumas ideias...	
DESPESAS FIXAS	**SAÚDE E BEM-ESTAR**
Aluguel ou parcela do financiamento	Academia e outras aulas
Contas – TV a cabo, internet, luz, água	Despesas médicas e coparticipação
Conta de telefone	Medicamentos
Pagamento de empréstimos ou cartão de crédito	Supermercado
Taxas bancárias e de cartão de crédito	Outros profissionais e produtos de saúde e bem-estar
Parcela/seguro/manutenção do carro	**CUIDADO PESSOAL E BELEZA**
Convênio não descontado do salário	Corte de cabelo, luzes, escova, manicure/pedicure, depilação, limpeza de pele, bronzeamento etc.
Seguro residencial	Produtos, farmácias, lojas de cosméticos e outros estabelecimentos

Mais ideias...

FILHOS	OUTROS
Creche ou babá	Lavanderia e lavagem a seco
Educação (atual e planejamento)	Produtos de limpeza
Acampamento e atividades	Compras, alfaiataria, sapateiro
Roupas e brinquedos	Taxas e serviços – contador, impostos, advogados
	Comer fora, café, drinques
PRESENTES E COMEMORAÇÕES	Lazer – shows, cinema, concertos, museus, cursos livres etc.
Presentes de aniversário e fim de ano	Despesas com animal de estimação
Casamentos – presentes, chá, hotel, transporte, roupas	Viagens – passagens aéreas e transporte para aeroporto
Doações	Trânsito – táxi, Uber, ônibus, metrô, combustível
	Assinaturas – Dropbox, Netflix, Spotify etc.

PARA ONDE VAI SEU DINHEIRO?
RELACIONE SUAS DESPESAS.

Itens de despesas:

_____

_____

_____

_____

_____

_____

_____

_____

_____

_____

Anote tudo que faz parte de sua vida. Essa atividade também pode ajudá-lo a se lembrar de outras despesas que não mencionei, porque minhas sugestões não abrangem todas as possibilidades. Dê uma olhada nos extratos mais recentes do banco e do cartão de crédito e cheque sua agenda para encontrar despesas que talvez tenha deixado passar.

Se você começou sua lista com divisões muito específicas e sente que o processo está ficando cansativo, reúna algumas despesas em categorias mais amplas. Por exemplo, se delivery de café da manhã, delivery de almoço, delivery de jantar, restaurante no fim de semana, brunch no fim de semana, café e drinques são algumas de suas categorias, você pode agrupar todas elas em "comer fora". Você será específico em outro momento!

Não se preocupe se esquecer de incluir algumas despesas nessa lista. Fique à vontade para ir acrescentando conforme elas forem aparecendo. Use seu diário do dinheiro como referência para obter mais dados. Essa lista de despesas pode e vai crescer e mudar. Recomendo pensar nela como um documento vivo, não como uma lista pronta de suas despesas.

Em seguida, você vai pegar a lista que criou e colocar cada despesa em um dos três grupos (ou categorias) seguintes: (1) necessidades, (2) supérfluo e (3) não tenho certeza.

Necessidades são itens ou despesas essenciais em sua vida, como aluguel ou parcelas de financiamento, contas e comida. Gasto supérfluo é qualquer coisa fora disso. Alguns itens podem se enquadrar nas duas categorias. Por exemplo, você pode acreditar que pegar um táxi para ir trabalhar de manhã em vez de ir a pé ou usar o transporte público é supérfluo, mas depois de uma certa hora da noite você pode considerar a despesa com um táxi uma necessidade, levando em conta sua segurança. Da mesma forma, você pode acreditar que as aulas de ioga são uma necessidade porque elas são essenciais à saúde e ao bem-estar. Porém, você também sabe que pode fazer ioga na sala de casa com vídeos on-line por um custo muito menor. Portanto, você pode incluir ioga e táxis na categoria "não tenho certeza", ou classificar táxis depois das dez da noite como uma necessidade, e táxis antes das dez da noite como supérfluos. É importante ser muito específico com suas despesas, de forma que fique claro em que categoria cada uma se enquadra.

EXEMPLO DE CATEGORIAS DE DESPESAS:

TÁXIS	
NECESSIDADE	**SUPÉRFLUO**
Depois das 22h	Antes das 22h

SUPERMERCADO	
NECESSIDADE	**SUPÉRFLUO**
Menos de US$ 75 por semana	Mais de US$ 75 por semana

O fato de classificar um item como supérfluo não significa que ele é ruim ou que você não deveria gastar dinheiro com ele. Supérfluo significa apenas que não é essencial ou necessário. Ainda pode ser uma despesa muito importante que tem muito significado para você (ou pode não ser).

Examine cada elemento da sua lista de despesas e coloque-o em cada uma das três categorias. Se não tem certeza de alguns itens, divida-os de maneira mais específica para entender que aspecto deles é supérfluo ou que aspecto é necessário. Siga o instinto.

CLASSIFIQUE SEUS GASTOS. O QUE SIGNIFICA GASTO SUPÉRFLUO PARA VOCÊ? SEJA ESPECÍFICO.

Necessidade/ essencial/ obrigação	Não tenho certeza	Supérfluo/ luxo/ não essencial

A essa altura, você já tem informações muito valiosas. Tem uma lista de tudo o que custou dinheiro, com os gastos divididos em três categorias. Com esses dados à mão, você pode agora criar as diretrizes para a primeira semana de seu Detox Financeiro.

Vou fornecer algumas recomendações, mas é você quem vai decidir o que fazer em seu Detox Financeiro. Fique à vontade para aceitar minhas sugestões, adaptá-las de um jeito que faça sentido para você ou rejeitá-las completamente. Garanto que não vou me ofender.

Seu primeiro desafio é abrir mão de tudo o que está na lista de gastos supérfluos nos próximos sete dias. Lembre-se: são só sete dias!

O segundo desafio é usar apenas dinheiro vivo para pagar todos os seus gastos nos próximos sete dias. Sim, isso inclui Amazon e qualquer outra compra on-line. Esse é outro jeito de se reconectar com seus gastos.

Bom, gastar em dinheiro não é para qualquer um. Algumas pessoas têm a sensação de que gastam mais quando usam dinheiro vivo, porque o saque já foi feito da conta bancária, então é como se já tivessem gastado aquela quantia. Se dinheiro é como nota falsa do Banco Imobiliário para você, continue pagando como de costume (com seu cartão de crédito ou débito).

Para a maioria, pagar em dinheiro aumenta a percepção de para onde vai o dinheiro, então experimente! Pode ser um processo muito valioso e um grande alerta para sua vida financeira.

Repito, torne essa diretriz o mais fácil possível para você. Planeje com antecedência como e quando vai sacar o dinheiro para seu dia a dia. Vai parar no caixa eletrônico uma vez por dia ou uma vez por semana? Vai levar uma determinada quantia todo dia ou para uma noite com os amigos? Se você prefere não andar com muito dinheiro, pode ir ao caixa automático mais vezes ou usar o cartão de débito, que é mais próximo de gastar em dinheiro do que consumir com o cartão de crédito. O planejamento é uma parte muito importante do processo de Detox Financeiro.

Se você paga suas contas com cartão de crédito ou usa um cartão corporativo para as despesas de trabalho, deixe essas áreas como estão. Use dinheiro para os gastos do dia a dia. Não deixe que essa prática atrapalhe o pagamento de suas contas ou a administração das finanças no seu trabalho.

O resto é com você. Que diretrizes vai adotar na Semana Um do seu Detox Financeiro? Pense em sua intenção e vá em frente.

Quando escrever suas diretrizes, use o tempo presente, como se elas já estivessem acontecendo. Por exemplo, "tomo café em casa três vezes por semana". Essa pode parecer uma diferença sutil, mas tem um grande impacto sobre como nos enxergamos vivendo nossa primeira semana do programa.

Seja também o mais específico que puder, de forma que fique realmente claro se vai ou não aderir às suas diretrizes. Diretrizes ambíguas levam a resultados ambíguos. Por exemplo, se você quer reduzir os gastos com alimentação fora de casa, pode anotar como uma de suas diretrizes: "Gastar menos com comida fora de casa". Essa não é uma diretriz precisa ou útil, porque o que de fato significa comer menos fora de casa? Seja específico e determine quantas refeições por semana pretende fazer fora de casa e quanto dinheiro planeja gastar em cada refeição ou até mesmo na semana inteira. Suas diretrizes devem ser absolutamente claras!

Também é importante incorporar sua vida às diretrizes. Olhe a próxima semana em sua agenda e adéque os planos que já tem a partir dessas diretrizes. Lembre-se, o Detox Financeiro tem que funcionar na sua vida, mas não tenha medo de ser criativo e ampliar o escopo. Se você tem planos para jantar com amigos durante a semana, elenque ideias para tornar esse compromisso bom e barato (isto é, melhor por menos dinheiro) ou encaixá-lo em suas diretrizes. Você pode escolher um restaurante mais barato, oferecer o jantar em sua casa ou até encontrar um evento divertido e gratuito para o grupo, em vez disso. Envolva seus amigos nessa decisão. Eles podem ter ideias ótimas para os planos em comum.

ESCREVA SUAS DIRETRIZES DE GASTOS PARA A SEMANA UM.

1. _____

_____

2. _____

_____

3. _____

_____

4. _____

_____

5. _____

6. _____

7. _____

8. _____

9. _____

10. _____

Antes de começar sua primeira semana de Detox Financeiro, crie estratégias para se preparar para o sucesso. O que se espera é que algumas diretrizes estabelecidas por você sejam um desafio e realmente mexam com seus comportamentos e hábitos financeiros. Nesse caso, talvez você esteja se sentido um pouco preocupado ou até com medo. Esse é um bom sinal!

Escolha as três diretrizes mais desafiadoras e pense em algumas estratégias para torná-las mais simples para você. Quais são algumas situações que talvez atrapalhem? Como você pode se preparar para elas? Como vai se recompensar quando cumprir suas diretrizes?

Por exemplo, você decidiu levar o almoço para o trabalho três vezes por semana. Ótimo! O que vai fazer quando seu melhor amigo no escritório aparecer com um convite para almoçar?

Pensar em como vai lidar com vários cenários que podem desafiar suas diretrizes permite que você se prepare para lidar com eles de forma eficaz. É divertido testar essas estratégias. Algumas vão funcionar muito bem, outras nem tanto. Não tem problema! Você pode adaptar e criar estratégias novas e melhores. Tudo faz parte da jornada do Detox Financeiro.

QUAIS SÃO AS TRÊS DIRETRIZES MAIS DESAFIADORAS PARA VOCÊ? ESCREVA ALGUMAS ESTRATÉGIAS OU MEIOS QUE PODE PLANEJAR COM ANTECEDÊNCIA PARA AMENIZAR ESSES DESAFIOS.

Exemplo de diretriz	Exemplo de possíveis estratégias
Levo almoço para o trabalho três vezes por semana	• Digo "não" se for convidado para almoçar fora • Levo almoço quatro vezes para poder aceitar o convite uma vez • Saio para caminhar e como a comida que levei • Conto aos colegas sobre meu Detox Financeiro
Diretriz	**Possíveis estratégias**
Diretriz	**Possíveis estratégias**

ESTE É SEU CHECKLIST PARA A SEMANA UM DO DETOX FINANCEIRO:

- ☐ Complete os exercícios dos capítulos desta semana.
- ☐ Alimente seu diário do dinheiro.
- ☐ Viva de acordo com suas diretrizes da Semana Um.
- ☐ Experimente estratégias para suas diretrizes mais difíceis.

SEMANA DOIS

SEMANA DOIS

VISÃO GERAL

"Muitas pessoas gastam o dinheiro que ganharam...
para comprar coisas que não querem... para
impressionar pessoas de que não gostam."
WILL ROGERS

Parabéns! De agora em diante, vamos apenas **acrescentar** gastos em nossas diretrizes. Reconheça seu esforço. A partir de agora, vai ficar cada vez mais fácil.

Antes de mergulharmos na Semana Dois do Detox Financeiro, vamos dar uma olhada em nossa intenção. Depois de aplicar as diretrizes da primeira semana em sua vida, ainda se sente motivado por sua intenção ou seu objetivo para o programa? Tem alguma coisa que quer modificar ou ajustar? Lembre-se, esse é o ponto principal e a razão para ler este livro. É o que define o que você vai ganhar com isso, então capriche!

O QUE VOCÊ PRETENDE COM SEU DETOX FINANCEIRO DE TRINTA DIAS?

Verifique como anda sua intenção:

_____

_____

_____

_____

_____

_____

_____

Agora é hora de pensar com um pouco mais de calma. A cada semana, faremos um exercício de reflexão sobre o que realizamos e vivemos durante o Detox Financeiro. Ao longo dos últimos sete dias, você coletou dados muito importantes. Ao fazer essa análise, é possível entender as informações obtidas e usá-las a seu favor. Isso vai potencializar os resultados do Detox Financeiro.

REFLEXÃO DA SEMANA UM

De que sentiu falta na Semana Um? Por quê?

_____
_____
_____
_____

De que não sentiu falta durante a semana? Você se surpreendeu?

_____
_____
_____
_____

O que foi difícil no início, mas ficou mais fácil durante a semana?

_____
_____
_____
_____

Como foi preencher seu diário do dinheiro?

_____
_____
_____
_____

Dê uma olhada em seu diário do dinheiro desta semana. Alguma coisa chama a sua atenção?

_____

_____

_____

_____

_____

Some seus gastos. O que acha do resultado em comparação às semanas anteriores?

_____

_____

_____

_____

_____

Sempre haverá maneiras de melhorar. Use seu mindset de crescimento para analisar essas questões. Se você não conseguiu fazer os registros em seu diário do dinheiro todos os dias ou não se sente um expert do dinheiro, acrescente a palavra *ainda*. Você pode não ser um expert do dinheiro *ainda,* mas ao fim desse Detox Financeiro certamente será!

O próximo exercício é de longe meu favorito. Quando descobri a mudança de mindset, fiquei completamente maluca. Tudo começa com as coisas que queremos. Elas podem ser nossos objetivos financeiros mais amplos, como pagar um financiamento, construir uma poupança para emergências ou comprar uma casa, ou podem ser coisas com as quais sonhamos ou pelas quais estamos obcecados, como uma semana de férias na praia ou um notebook novo.

Como sempre, isso tem a ver com o que motiva você. Não existem respostas certas ou erradas. Não tenha medo de sonhar grande. Se você quer ter um jatinho particular, escreva. Se o que o faz feliz são os prazeres simples, como uma máscara facial e um bom livro, acrescente-os à lista.

O QUE VOCÊ QUER?

1. Férias
2. Jantar com amigos
3.
4.
5.
6.

Em seguida, por que você quer essas coisas? Por exemplo, você pode querer férias na praia porque está sonhando com descanso, tranquilidade e um momento de bem-estar. Ou você pode adorar ir a shows porque isso o ajuda a relaxar e se divertir. Quais são os motivos para você querer o que quer? O que esses itens ou experiências *realmente* agregam a você?

O QUE ISSO AGREGA?
QUAL É O VALOR, O PROPÓSITO OU A EXPERIÊNCIA?

1. Entusiasmo, explorar, relaxar, descansar
2. Conexão, diversão, amor, reduzir a tensão
3.
4.
5.
6.

Agora vem a impressionante mudança de mindset. Em geral, quando falamos sobre nossos objetivos, nos referimos aos itens e às experiências que queremos. Estamos economizando para tirar férias, para mudar para uma casa nova, para pagar uma dívida etc. Mas o verdadeiro objetivo é o propósito ou a origem do que você quer. Posto de outra maneira, o objetivo não é o quê, é o porquê.

No exemplo das férias, o objetivo não é sair de férias, mas se sentir relaxado, rejuvenescido e bem-cuidado. Ir a shows não é o objetivo; estamos à procura de diversão e entusiasmo. As férias e os shows são, na verdade, apenas estratégias ou maneiras de alcançar aqueles objetivos vinculados a experiências. Mas há muitas outras estratégias ou maneiras de também conquistar esse tipo de objetivo.

Pense nisso. Não é um alívio ter opções? Sim, você ainda pode escolher tirar férias na praia e alcançar seu objetivo de descansar e relaxar, mas há muitas outras estratégias que podem ajudá-lo a conquistar o mesmo resultado. Você pode ter essas sensações o tempo todo, inclusive agora, antes de economizar para suas férias. É um peso bem grande para tirar das costas! E é tudo muito motivador!

Por que esperar mais um minuto para realizar seus objetivos? Inclua alegrias mundanas. Esse é um dos meus conceitos favoritos, e estou animada para apresentá-lo a você. Alegrias mundanas são coisas gratuitas ou baratas capazes de nos fazer felizes de verdade. Elas variam de pessoa para pessoa, porque cada um de nós se alegra com coisas diferentes, e vai ser importante (e divertido) experimentá-las. Você pode desfrutar de uma imensa alegria com um piquenique ao ar livre em um dia bonito, e sua melhor amiga pode adorar ouvir o podcast favorito dela. Há inúmeras maneiras de tornar a vida mais alegre que não custam nada (ou não custam muito). É só pensar e planejar!

CEM ALEGRIAS MUNDANAS

1. Ler um bom livro.
2. Tomar uma xícara de café fumegante.
3. Conhecer um bairro novo.
4. Fazer um piquenique.
5. Parar e sentir o cheiro das flores.
6. Encontrar e frequentar um evento divertido e gratuito em sua região.
7. Ouvir um novo podcast.

8. Visitar um museu.
9. Exercitar-se em um parque.
10. Praticar ioga em casa.
11. Abraçar um filhote.
12. Organizar uma degustação de vinho às cegas.
13. Meditar.
14. Redecorar usando o que você já tem.
15. Telefonar para alguém com quem não fala há muito tempo.
16. Estudar um idioma estrangeiro.
17. Fazer trabalho voluntário.
18. Fazer um curso on-line.
19. Manter um diário.
20. Ler o jornal ou sua revista favorita.
21. Tomar um banho de banheira.
22. Fazer uma trilha.
23. Cultivar um jardim.
24. Pôr em ação um projeto divertido de "faça você mesmo".
25. Fazer produtos de beleza naturais.
26. Fazer você mesmo as unhas dos pés e das mãos.
27. Levar um cachorro para passear.
28. Planejar um encontro especial e barato.
29. Sair para pedalar.
30. Cozinhar alguma coisa deliciosa.
31. Convidar um amigo para bater papo.
32. Doar roupas para caridade.
33. Sonhar.
34. Organizar uma refeição com amigos em que cada um leva um prato.
35. Visitar uma galeria de arte.
36. Ir à feira.
37. Organizar uma noite de cinema em casa.
38. Escolher uma atividade sazonal: tomar chuva de verão, preparar uma fantasia caseira de Carnaval, decorar a casa para o Natal.

39. Mandar um bilhete escrito à mão para alguém.
40. Mandar um e-mail para alguém com quem não conversa há tempos, só para perguntar se está tudo bem.
41. Visitar um negócio local.
42. Fazer alongamento.
43. Passar um tempo na biblioteca ou em uma livraria.
44. Plantar suas ervas e temperos.
45. Assistir a uma peça em um teatro da região.
46. Praticar um esporte.
47. Assistir a um filme.
48. Sair para correr.
49. Ouvir música ao vivo.
50. Ir a um happy hour.
51. Visitar uma vinícola.
52. Experimentar uma nova aula na academia (a primeira costuma ser gratuita!).
53. Brincar de bartender em casa.
54. Ir a uma noite de jogos.
55. Trocar livros (ou outra coisa qualquer) com um amigo.
56. Visitar parentes.
57. Ir a uma matinê.
58. Usar os serviços de assinatura que já tem.
59. Ser turista em sua cidade.
60. Tirar uma soneca.
61. Fazer absolutamente nada por uma ou duas horas.
62. Ver o sol nascer.
63. Ver o sol se pôr.
64. Terminar um quebra-cabeça.
65. Experimentar uma receita nova.
66. Dançar.
67. Cantar.
68. Criar memes.
69. Encontrar um novo hobby.
70. Começar um blog.

71. Tricotar.
72. Tornar-se um fotógrafo amador.
73. Desenhar ou pintar.
74. Fazer malabarismo.
75. Aprender um truque de mágica.
76. Tocar um instrumento.
77. Assistir a um documentário.
78. Praticar caligrafia.
79. Jogar um jogo de tabuleiro.
80. Organizar uma noite de jogos.
81. Fazer afirmações positivas.
82. Escrever cem coisas pelas quais é grato.
83. Dar um abraço.
84. Dormir até tarde.
85. Fazer uma playlist com suas músicas favoritas.
86. Ir à praia.
87. Ver fotos antigas.
88. Contar uma história.
89. Fazer uma lista com seus dez melhores de um determinado tema.
90. Olhar pela janela.
91. Rever sua série favorita.
92. Dizer "eu te amo" para alguém.
93. Fazer um elogio.
94. Fazer uma boa ação.
95. Fazer uma doação para uma instituição.
96. Descansar.
97. Reorganizar um cômodo.
98. Respirar fundo algumas vezes.
99. Tomar sol.
100. Andar descalço na grama ou na praia.

Agora que sabe seus verdadeiros objetivos, quais são alguns dos meios gratuitos ou baratos para viver essas experiências ou sensações? Se seu objetivo é descansar, relaxar e sentir-se bem, que maneiras mundanas existem para alcançar essa meta? Talvez você se delicie com um longo banho de banheira, durma até tarde ou tome café na cama.

QUAIS SÃO ALGUMAS ESTRATÉGIAS PARA VIVER ESSAS EXPERIÊNCIAS *SEM PRECISAR* DE DINHEIRO?

Como parte das diretrizes para a Semana Dois, você vai testar três estratégias gratuitas ou baratas para alcançar seus objetivos vinculados a experiências. Se ficar animado, experimente mais! Você só tem a ganhar, porque vai ter mais alegria sem gastar mais dinheiro.

A parte mais fácil, mas menos mundana, que vem em seguida, é pensar em maneiras de alcançar essas experiências com estratégias que requerem dinheiro. Isso pode incluir coisas como sua estratégia original de viajar para a praia nas férias, passar uma tarde em um spa ou tirar um dia de folga no trabalho para relaxar.

QUAIS SÃO ALGUMAS ESTRATÉGIAS PARA VIVER AQUELAS EXPERIÊNCIAS QUE *REQUEREM* DINHEIRO?

Agora você tem em mãos um arsenal de estratégias para alcançar seus objetivos, sendo que algumas custam dinheiro e outras não. Por enquanto, na Semana Dois do seu Detox Financeiro você vai incorporar apenas as alegrias mundanas.

Mais tarde, pode escolher estratégias levando em conta o que funciona melhor para sua alocação de felicidade. Se está pretendendo gastar menos, você pode usar estratégias baratas ou gratuitas, mas também pode acrescentar algumas estratégias que custam dinheiro. Isso significa ter muito mais das maravilhosas sensações que deseja em sua vida!

ORGANIZE SUA ALOCAÇÃO DE FELICIDADE

"Um passo de cada vez é caminhar bem."
PROVÉRBIO CHINÊS

Agora você está preparado para enfrentar os números.

Enfrentar os números significa quantificar o que gasta e o que ganha anualmente. Pode parecer uma tarefa assustadora, mas você se preparou para ela durante a última semana com sua lista de gastos e os dados que reuniu no diário do dinheiro.

Por que uma visão anual é tão importante? Quando analisamos renda e despesas anuais, mensuramos o verdadeiro impacto de cada despesa ao longo do tempo. Assim, temos informações para decidir como gastar nosso dinheiro de maneira melhor e com mais propósito.

Por exemplo, você já deve ter escutado este conselho antes: corte o cafezinho e vai economizar muito. Eu também já ouvi isso. Meu latte diário custa US$ 4,30, o que não parecia ser grande coisa. Porém, ao calcular quanto isso me custa por ano (exatos US$ 1.569,50), não gostei tanto assim. Decidi que preferia usar esse dinheiro para outra coisa. E foi o que fiz. Comecei a beber o café gratuito no escritório e usei as economias que juntei para fazer uma viagem à Espanha com minha prima.

Não tive a sensação de estar abrindo mão de alguma coisa, porque ganhava algo muito mais importante para mim. Sem olhar para os números anuais, você jamais pensaria que um simples cafezinho poderia causar tamanho impacto. Mas de posse dessa informação podemos fazer escolhas importantes.

O objetivo desse exercício não é fazer você se sentir culpado ou convencê-lo a desistir dos hábitos que fazem bem a você. Essas decisões são suas! Você está somente reunindo informações para que possa fazer as escolhas que funcionam melhor para você. Escolher o café do escritório foi a decisão certa para mim, mas outra pessoa pode preferir continuar com o latte da cafeteria (é o caso de muitas!), porque isso é o que mais lhe dá alegria.

Também é importante prestar atenção em nossas despesas anuais porque algumas não acontecem todas as semanas, nem mesmo todos os meses. Viagens, presentes de casamento, festas de fim de ano e até cortes de cabelo muitas vezes são negligenciados, porque são gastos esporádicos. Mesmo assim, esquecer de incluir essas despesas pode significar o fracasso de nosso planejamento.

COMO TER UM FIM DE ANO LIVRE DE ESTRESSE FINANCEIRO

Existem algumas despesas na vida para as quais não conseguimos nos planejar; é para isso que temos uma reserva de emergência. Mas também há muitos outros gastos para os quais podemos nos planejar, porém simplesmente não o fazemos. As festas de fim de ano são o exemplo perfeito. Elas acontecem anualmente, sem exceção. Ainda assim, todo ano, quase metade das pessoas passa nervoso com dinheiro por causa das festas.[21] Quanto mais cedo começarmos a nos planejar para elas, menos "dor" vamos sentir no aspecto financeiro. É assim:

PASSO 1
Tenha claro o que é importante. Quais são suas lembranças favoritas das festas de fim de ano? O que tornou essas lembranças especiais?

PASSO 2
Com o que você planeja gastar dinheiro este ano? (Exemplos: presentes, viagem, festas, comer fora, roupas, transporte extra etc.)

PASSO 3

Inclua os números. E seja detalhista.

Com o que planeja gastar este ano?	Quanto cada um vai custar?
5 presentes	US$ 50 × 5 = US$ 250

PASSO 4

Atenha-se ao bom e barato. Tem algum jeito de reduzir esses números e manter ou elevar seu aspecto positivo?

Com o que planeja gastar este ano?	Quanto cada um vai custar?	Posso usar uma estratégia boa e barata?
5 presentes	US$ 50 × 5 = US$ 250	Substituir por amigo secreto: 1 presente por US$ 50

PASSO 5

Prepare o terreno para construir a reserva das festas de fim de ano. Uma boa dica é criar uma categoria ou conta separada que seja específica para esses gastos (e qualquer outro tipo de despesa maior e menos frequente).

PASSO 6

Leve em conta sua renda. Quantos salários você tem a receber até começar a fazer as compras de fim de ano?

PASSO 7

Calcule. Se planeja gastar US$ 500 e tem cinco salários até a data em que planeja gastar, reserve US$ 100 de cada salário.

PASSO 8

Ponha no automático. Seja qual for a quantia que planejou por salário, já deixe a transferência agendada para a reserva de fim de ano. No exemplo anterior, você vai programar uma transferência de US$ 100 cada vez que receber seu salário, assim o dinheiro estará lá, pronto para ser usado quando chegar a hora de fazer as compras de fim de ano.

Quanto você quer no total?	Para quando (quantos salários)?	Valor por salário
US$ 1.000	4 salários	US$ 250 por salário

PASSO 9

Planeje com antecedência para o futuro. Comece mais cedo para minimizar o estresse das festas no próximo ano.

Quanto você quer no total?	Para quando (quantos salários)?	Valor por salário
US$ 1.500	26 semanas	US$ 58 por salário

Você pode adotar essa prática para qualquer grande despesa que preveja nos próximos dois anos com o intuito de minimizar o estresse e garantir que o dinheiro esteja esperando quando precisar dele. Isso vale para as férias, para uma poupança de emergência, para a escola dos filhos ou os custos de excursões, e até para cortes de cabelo.

Se você é freelance ou empreendedor, é uma ótima ideia fazer a mesma coisa com os impostos, de forma que não tenha dificuldades quando precisar prestar contas ao governo. Se sua renda é fixa, você pode reservar determinado valor por semana ou por mês. Ou, se você tem renda variável, pode separar uma porcentagem de cada pagamento.

Use sua lista de despesas e as informações do seu diário do dinheiro para examinar cada um dos gastos anualmente.

Crie sua alocação de felicidade:
SAÍDAS

Item de despesa	Frequência	Gasto atual	Gasto anual
Alimentação	Semanal	US$ 75	US$ 3.900

Depois de preencher a tabela com cada uma de suas despesas, sobra espaço para fazer experiências. Algumas variáveis podem fazer uma grande diferença – o custo do item e o número de vezes que gastamos dinheiro com ele no ano. Vamos usar uma aula de ginástica como exemplo. Se eu me matriculo em um curso que custa US$ 25 por aula e o frequento quatro vezes por semana, pelas 52 semanas por ano, isso soma US$ 5.200 por ano. Agora suponha que eu experimente um curso mais barato em outra academia que custa US$ 10 por aula, porém continuo fazendo as aulas quatro vezes por semana. São US$ 2.080 em um ano – uma economia de US$ 3.120. Mas se eu amo aquele primeiro curso e quero continuar lá, fico com as aulas de US$ 25, mas só frequento uma vez por semana, em vez de quatro. Esse curso passa a custar US$ 1.300 por ano (uma economia de US$ 3.900).

Brincar com as variáveis de "quanto" e "quantas vezes" pode fazer uma grande diferença no planejamento anual. Por mais estranho que possa parecer, fazer as coisas com menor frequência tem seus benefícios. Almoçar fora todos os dias pode se tornar algo rotineiro, ou até incômodo, mas se decidimos comer fora só uma vez por semana – ou até uma vez por mês –, criamos a sensação de que isso é algo mais especial, como um presente. Quando nos permitimos esse prazer, acabamos gastando menos dinheiro e tendo mais alegria com o gasto e a experiência. Experimente alguns números diferentes para "quanto" e "quantas vezes" na tabela a seguir. Existem algumas realocações de despesa que você gostaria de fazer?

Crie sua alocação de felicidade:
SAÍDAS

Item de despesa	Frequência	Gasto atual	Gasto pretendido	Gasto anual	Gasto anual pretendido
Alimentação	Semanal	US$ 75	US$ 65	US$ 3.900	US$ 3.380

Vamos usar essa informação para criar sua alocação de felicidade, que representa o que está acontecendo agora em sua vida financeira. É o que eu chamo de "desnudar suas finanças", embora não seja tão sexy quanto parece. Essa alocação reflete suas entradas (ou renda) e saídas (ou despesas) ao longo de um ano.

Embora sua renda possa (e provavelmente vai) variar, sempre teremos apenas uma determinada quantia em dinheiro que podemos alocar para nossos objetivos e nosso estilo de vida. Chamo essa quantia em dinheiro de *pizza*. Independentemente de quanto ganhamos, muito ou pouco, só podemos gastar ou usar cada centavo que temos uma vez. Melhor usá-lo ou gastá-lo com as coisas que nos fazem mais feliz, tanto a curto quanto a longo prazo.

Isso torna a alocação de felicidade um plano extremamente libertador. Você está destinando seu dinheiro de modo a potencializar sua alegria!

Você pode pensar que um plano é algo restritivo ou que o faria sentir culpado, mas acontece que ele tem justamente o efeito contrário. Quando você não tem um plano, a maioria das suas despesas provoca culpa, porque você não sabe se elas estão alinhadas com seus objetivos ou mesmo se pode arcar com elas. Se sua alocação de felicidade inclui um certo valor em dinheiro toda semana para coisas como beber com amigos ou ir à manicure, você pode gastar esse dinheiro sem culpa, porque sabe que ele cabe no plano. É uma coisa linda!

Para criar sua alocação de felicidade, use a regra de ouro das finanças pessoais:

CRIE SUA ALOCAÇÃO DE FELICIDADE: A REGRA DE OURO.

O que você tem disponível para seus objetivos?

TOTAL DE ENTRADAS − TOTAL DE SAÍDAS = TOTAL DISPONÍVEL

Discrimine cada uma de suas despesas anuais e inclua esse total em sua alocação de felicidade.

Total de entradas	Total de saídas	Total disponível

Depois, você só precisa da sua renda anual. Isso costuma ser muito mais simples.

Fica um pouco mais complicado se você é um trabalhador com fonte de renda variável ou menos estável. Nesse caso, que valor pode esperar ganhar no próximo ano, dentro do razoável? Não esqueça de calcular os impostos; esse dinheiro não fica com você, por isso, classifique-o como gastos e objetivos.

Insira sua renda anual e pronto! Você tem tudo de que precisa para calcular sua atual alocação de felicidade.

TOTAL DE ENTRADAS − TOTAL DE SAÍDAS = TOTAL DISPONÍVEL

Essa equação pode não parecer bonita à primeira vista. E tudo bem! Você pode estar gastando mais do que ganha (não é à toa que a dívida do cartão de crédito está aumentando!), ou talvez não consiga destinar tanto dinheiro quanto gostaria para seus objetivos. Aliás, talvez nem saiba quanto quer investir nessas metas. Não tem problema nenhum nisso.

Crie sua alocação de felicidade:

ENTRADAS

Item de renda	Frequência	Renda atual	Renda pretendida	Renda anual	Renda anual pretendida
Salário	Mensal	US$ 2.500	US$ 2.750	US$ 65.000	US$ 71.500

Antes de começarmos a potencializar sua alocação de felicidade e a torná-la funcional, é importante comemorar o passo muito importante que você acabou de dar ao reunir essas informações. Você pôs as cartas na mesa e agora pode tomar uma atitude.

Olhar para sua atual alocação de felicidade basta para ter algumas revelações. Você pode se surpreender ao ver o quanto gasta com Uber, coisas aleatórias na Amazon ou quaisquer outras despesas frequentes. Às vezes, só essa constatação já basta para abrir mão de algum gastos sem sofrimento. Em outros casos, você pode decidir manter uma despesa, mas torná-la menos frequente ou escolher uma opção mais barata.

Também é possível que, ao ver sua atual alocação de felicidade, você se sinta tão atordoado que não saiba nem por onde começar. Não é preciso se estressar se ainda não tiver nenhuma revelação transformadora. Isso também é comum.

ALEGRIAS MUNDANAS E A LINGUAGEM QUE USAMOS EM RELAÇÃO AO DINHEIRO

DIRETRIZES PARA A SEMANA DOIS

"Tenho certeza de que nos tornamos aquilo em que pensamos com frequência."
OPRAH WINFREY

A linguagem que usamos em relação ao dinheiro é muito importante. Mantras financeiros influenciam nossas atitudes, gerando resultados, e os resultados, por sua vez, comprovam ou desmentem as crenças que temos sobre nós mesmos e o dinheiro. Utilizar bons mantras financeiros é uma ferramenta transformadora para potencializar nosso sucesso financeiro.

Nosso mindset financeiro também é extremamente poderoso. Quando passamos a ver os objetivos financeiros como ações intencionais de amor próprio, em vez de atos de restrição e autoprivação, fica fácil tomar as atitudes que nos levam para cada vez mais perto de nossos objetivos.

A jornada consiste em prestar atenção à linguagem, reformulá-la e seguir em frente.

A expressão *não posso bancar* é um grande exemplo, e nós a ouvimos a torto e a direito. "Queria poder sair de férias, mas não posso bancar" ou "não posso bancar aquela roupa ou aquele móvel novo." Usar a expressão *não posso bancar* afeta toda a nossa postura. É uma expressão ancorada em pensamentos de escassez e carência. Insinuamos que queremos alguma coisa, mas não podemos ter. Imediatamente, nos sentimos privados.

Embora haja de fato algumas coisas que não podemos bancar, em muitos casos conseguimos pagar o preço do item de que estamos falando, seja deixando de gastar dinheiro em outras coisas, seja usando algum tipo de poupança ou investimento. Na maioria dos casos, escolhemos não comprar. *Escolher não fazer* é uma expressão de muito mais impacto, e normalmente corresponde à realidade! Escolhemos não fazer a viagem ou não comprar o móvel novo, porque isso vai desviar dinheiro de outro objetivo, ou pode até nos colocar em uma situação estressante do ponto de vista financeiro.

Escolher não fazer alguma coisa é fruto de um pensamento de poder e abundância – um mindset financeiro saudável. Você ponderou as opções e escolheu a alternativa que vai trazer mais felicidade e alegria a longo prazo.

Outras expressões comuns comunicam a ideia de ter que *cortar coisas* ou *abrir mão de coisas* em função de um plano de gastos. Você pode dizer "tenho que cortar meus gastos com restaurante" ou "tenho que abrir mão das minhas aulas na academia". Quando cortamos alguma coisa ou abrimos mão de algo que faz parte de nossa vida, voltamos ao modo restritivo. É quase como se a despesa fosse arrancada de nossas mãos. Isso gera um sentimento de perda ou de que não podemos mais ter aquilo que queríamos.

No entanto, *desistir* de um gasto proporciona uma experiência completamente diferente. A despesa é só algo extra de que não precisávamos, e ela desaparece. Quando reformulamos a linguagem, as atitudes seguem o mesmo caminho quase sem nenhum esforço.

Gosto de usar a analogia da cebola. As camadas externas de uma cebola ficam crocantes e se desprendem com facilidade. São as despesas de que estamos prontos para desistir. Pode ser alguma coisa com a qual nem sabíamos que estávamos gastando ou algo que só comprávamos por hábito. Não importa qual seja o caso, estamos prontos para desistir dela, e isso acontece sem sofrimento. Fica fácil fazer um caminho diferente para o trabalho e deixar de comprar um muffin ou evitar fazer compras por algumas semanas. Você não precisa se obrigar a fazer nada disso de maneira consciente, são apenas mudanças fáceis.

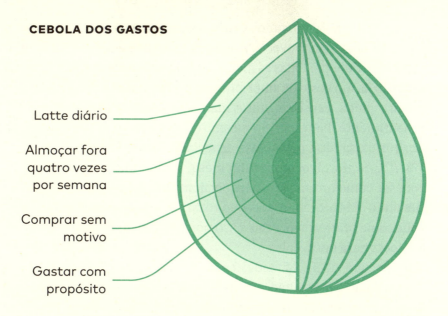

CEBOLA DOS GASTOS

- Latte diário
- Almoçar fora quatro vezes por semana
- Comprar sem motivo
- Gastar com propósito

As camadas internas da cebola dos gastos, por outro lado, são mais difíceis ou até dificílimas de remover. Essas são as despesas de que não estamos preparados para desistir. Com o passar do tempo, conforme progredimos em nossa jornada financeira, elas podem ficar crocantes e cair com facilidade, mas elas ainda não estão prontas nesse ponto. E tudo bem.

Embora seja importante desafiar-se durante o Detox Financeiro, também é importante fazer jus à jornada e ao processo. Ao longo dos próximos meses e anos, suas despesas menos importantes vão desaparecer aos poucos, restando apenas os gastos que são mais importantes para você. Essas são as despesas que estão em sintonia com seus valores.

A essa altura, você deve estar morrendo de curiosidade para descobrir de quais gastos está preparado para desistir – ou não. Eu tenho o exercício perfeito para você!

Na primeira coluna da tabela a seguir, você vai elencar as despesas de que gostaria de tentar desistir. Dê uma olhada no seu diário do dinheiro e na alocação de felicidade para ter algumas ideias. Não tenha medo, você pode testar quantas despesas quiser.

Depois, você vai anotar que valor a despesa representa para você e que sentimento ela provoca. Vou retomar meu exemplo do cafezinho. Beber o café quente todas as manhãs a caminho do trabalho me dava a sensação de um gesto de amor-próprio, porque proporcionava conforto.

Em seguida, pense em outras maneiras possíveis para ter esse valor ou sentimento. Para sentir o mesmo conforto, eu podia fazer café no escritório usando uma caneca especial, ou deixar um chinelo e um cobertor confortável em minha mesa. Se alguma dessas ideias funcionasse como um substituto equivalente (ou até melhor) para o meu cafezinho diário, quanto eu economizaria? Teria mais US$ 4,30 por dia, o que soma praticamente US$ 1.570 por ano, um dinheiro que eu poderia alocar para outra coisa.

Preencha a tabela com cada item de despesa que quiser testar. Depois, dê uma olhada no resultado. Essa é uma despesa da qual está preparado para desistir? Se não tem certeza, use esta semana do Detox Financeiro para experimentar as alternativas e descobrir se elas proporcionam o valor e o sentimento que você procura. Se funcionarem, ótimo! Caso contrário, você pode ter outras ideias ou testar outros itens de despesa.

Item	Valor que representa	Sentimento ou objetivo que proporciona	Alternativas	Diminuição na despesa	Diminuição na despesa anual
Latte	Amor--próprio	Conforto	Caneca especial, chinelo ou cobertor na mesa	US$ 4,30/dia	Quase US$ 1.570/ano

Agora você pode escrever suas diretrizes para a próxima semana do Detox Financeiro. Como ficam suas despesas para os próximos sete dias? Não deixe de incluir:

- ⑤ As diretrizes originais da Semana Um. Adapte como achar conveniente.
- ⑤ Três alegrias mundanas (estratégias gratuitas ou baratas que ajudem a conquistar os objetivos que envolvem experiências).
- ⑤ Estratégias alternativas para as camadas de sua cebola de gastos das quais se sente preparado para desistir.

Escreva suas diretrizes no tempo presente, continue com os registros no diário do dinheiro, gaste só em espécie (se essa estratégia funcionar bem para a sua vida), comprometa-se com não fazer compras on-line, e o resto é com você!

Ao pôr tudo isso no papel, pense na semana seguinte (ou, melhor ainda, dê uma olhada em sua agenda) e crie diretrizes que funcionem com os planos que já existem. Se você vai viajar no fim de semana, como incorporar esse compromisso ao Detox Financeiro? Escolher atividades boas e baratas, usar transporte público para ir e voltar do aeroporto ou concentrar seus gastos nos aspectos mais importantes da viagem? Converse com seus companheiros de viagem ou amigo de confiança. Planejar com antecedência faz toda a diferença.

ESCREVA SUAS DIRETRIZES DE GASTOS PARA A SEMANA DOIS.

_____

_____

_____

_____

_____

_____

_____

_____

_____

_____

_____

_____

_____

_____

_____

_____

_____

_____

_____

_____

_____

Prepare-se antecipando situações que podem surgir e desviar suas diretrizes do Detox Financeiro. Como vai lidar com elas? Como vai comemorar ou se recompensar quando cumprir suas diretrizes? Como vai lidar com "erros" em seu Detox Financeiro?

ESTE É SEU CHECKLIST PARA A SEMANA DOIS DO DETOX FINANCEIRO:

- ☐ Complete os exercícios dos capítulos desta semana.
- ☐ Mantenha seu diário do dinheiro.
- ☐ Viva suas diretrizes da Semana Dois.

SEMANA TRÊS

SEMANA TRÊS

VISÃO GERAL

"É possível conhecer os valores de uma pessoa olhando
seus canhotos do talão de cheques."
GLORIA STEINEM

Na Semana Três, vamos pensar no dinheiro com o coração e alinhar gastos a valores. É uma semana de presentes repleta de ação, mas antes de começarmos quero falar sobre o elefante na sala. É muito mais fácil começar do que concluir alguma coisa. À essa altura do Detox Financeiro, você pode estar (ou está, quase com certeza) se sentindo para trás. Ou pode estar se punindo por não participar plenamente. Se não está passando por isso ainda, marque essa página e volte a ela quando for preciso.

Em algum momento, vamos sair dos eixos do Detox Financeiro. E isso é, na verdade, um ótimo sinal! O ponto em que queremos desistir e jogar a toalha é justamente aquele em que construímos os hábitos mais eficazes e fazemos o maior progresso.

Antes e acima de tudo, perdoe-se pelo lugar onde está em seu Detox Financeiro, seja ele qual for. Estamos sempre em movimento, e sabemos que aptidões, comportamentos e hábitos relacionados ao dinheiro podem evoluir e progredir.

Depois, se reconecte com seu porquê. Por que se comprometeu com isso, em primeiro lugar? Ao longo do caminho (sobretudo passado o entusiasmo de um novo começo), é fácil perder de vista sua motivação ou a razão pela qual isso é tão importante para você, mas lembrar seu porquê pode ser um fator crucial para redescobrir aquele propósito inicial.

AQUI VÃO ALGUMAS MANEIRAS DE INCORPORAR SEU *PORQUÊ* EM SUA VIDA DIÁRIA:

- Imprima-o e cole com fita adesiva em algum lugar no escritório ou em sua mesa.
- Transforme-o em plano de fundo ou proteção de tela do celular ou computador.
- Leia-o em voz alta de manhã, quando acordar, ou à noite, quando for dormir.
- Inclua-o na descrição do despertador do celular para ver todas as manhãs.
- Incorpore-o em sua prática diária de meditação.
- Compartilhe-o com família e amigos.

Agora só falta retomar e continuar com seu Detox Financeiro. E qual é a chave para os resultados? Agir.

Estamos juntos nessa!

Vamos refletir sobre todo o trabalho que você fez ao longo da última semana.

Você testou as diretrizes que envolvem experiências? Elas trouxeram alegria?

_____

_____

_____

_____

_____

_____

_____

_____

_____

_____

Como foi sua alocação de felicidade? O que você aprendeu com esse exercício?

Você desistiu de algumas despesas? Quanto vai economizar com isso por ano?

Sentiu falta dos itens de que desistiu esta semana? Por quê?

De maneira geral, como foi esta semana do Detox Financeiro?

_____

_____

_____

_____

_____

_____

_____

_____

Você mergulhou de cabeça no Detox Financeiro e se comprometeu para valer? Como pode melhorar na próxima semana?

_____

_____

_____

_____

_____

_____

_____

_____

Embora tenhamos a propensão para ressaltar o que não estamos acertando ou os erros que cometemos no processo, é muito mais importante dar atenção ao sucesso e comemorá-lo. Infelizmente, somos péssimos nessa coisa de celebrar as conquistas. Estabelecemos objetivos e os alcançamos para logo em seguida passar ao próximo, ou então deixamos de alcançá-los e nos concentramos no fracasso. É importante (e muito divertido) comemorar nossos resultados e o que conquistamos. Ao longo do seu Detox Financeiro, não se esqueça de acompanhar seu progresso e festejá-lo.

- Como foram seus gastos nessas duas últimas semanas, em comparação ao período anterior ao Detox Financeiro?
- Você se sente menos estressado ou mais confiante em relação às finanças pessoais?
- Completou todas as tarefas?

Como vai comemorar sua evolução? Talvez celebre com amigos, tire uma tarde de folga ou até faça uma dancinha da felicidade sozinho. Seja qual for a escolha, não se esqueça de reconhecer sua façanha. Considerando tudo o que conquistou até aqui, imagine como será o restante de seu Detox Financeiro e os próximos meses e anos.

Agora vamos usar o dinheiro com o coração!

USE O DINHEIRO COM O CORAÇÃO

GASTOS BASEADOS EM VALORES

"As pequenas coisas? Os pequenos momentos?
Não são pequenos."
JON KABAT-ZINN

Pode parecer óbvio, mas quando gastamos tempo e dinheiro nas coisas que são mais importantes para nós, nos sentimos mais realizados e temos mais alegria. Isso faz todo o sentido e parece muito simples. Então por que tão poucas pessoas agem assim?

Com o tempo, temos a tendência de acumular despesas. Você pode estar pagando por uma assinatura que usava e de que gostava no passado, mas que agora não tem mais importância. Ou adquiriu o hábito de fazer alguma coisa todos os dias ou uma vez por semana, e nem percebe que isso não agrega nenhum valor a sua vida. Muitas vezes as despesas se acumulam porque não temos consciência de onde gastamos o dinheiro ou não temos o costume de planejar com antecedência. Pode ser até que estejamos somente reproduzindo no automático alguns gastos de nossos amigos.

Seja qual for a razão, é muito provável que você tenha algumas despesas que não estão em sintonia com o que considera mais importante.

O que traz propósito à sua vida? Tento me imaginar fazendo um balanço das coisas, quando eu estiver velha e de cabelos brancos, e deduzir o que me faria pensar: *Tive uma vida ótima. Vivi bem.* Se eu tivesse a conclusão definitiva do que é importante para mim, o que seria?

Para ajudar a encontrar a resposta para essa pergunta, você precisa criar uma declaração de valores, ou seja, uma lista do que você considera essencial e que tem a ver com você. Eu sei, é uma proposta ambiciosa. Essa declaração de valores vai servir como um roteiro para sua vida. Você pode usá-la para tomar qualquer decisão – inclusive, é claro, decisões financeiras. É um exercício extremamente poderoso!

Leia a lista de palavras nas próximas páginas.[**] Circule todas que fizerem algum sentido para você. Siga seus impulsos, e tente não escolher palavras que acha que *deveria* escolher. Que palavras são de fato importantes para você?

Abertura	Amor	Autonomia
Abnegação	Animação	Aventura
Abundância	Ansiedade	Beleza
Ação	Antecipação	Bênção
Aceitação	Apoio	Benevolência
Acessibilidade	Aprazimento	Bom humor
Adaptabilidade	Apreciação	Bondade
Adoração	Aprendizado	Brandura
Afeto	Ar livre	Bravura
Afluência	Ardil	Brilhantismo
Afoiteza	Argúcia	Brio
Agilidade	Arrojo	Calidez
Agradabilidade	Articulação	Calma
Agradecimento	Asseio	Camaradagem
Agregação	Assertividade	Candura
Agressividade	Astúcia	Capacidade
Agudeza	Atenção	Capacidade de
Alegria	Atratividade	julgamento
Alerta	Atrevimento	Caridade
Altruísmo	Audácia	Castidade
Ambição	Autoconfiança	Cautela
Amizade	Autocontrole	Certeza

[**] Adaptado da lista de valores de Steve Pavlina: http://www.stevepavlina.com/blog/2004/11/list-of-values/.

Charme	Cortesia	Educação
Clareza	Credibilidade	Efetividade
Comedimento	Credulidade	Eficiência
Compaixão	Crescimento	Elegância
Compartilhamento	Criatividade	Empatia
Completude	Cuidado	Encorajamento
Compostura	Curiosidade	Energia
Compreensão	Decisão	Engenhosidade
Comprometimento	Decoro	Entendimento
Concentração	Deferência	Entretenimento
Conexão	Deleite	Entusiasmo
Confiabilidade	Desafio	Equilíbrio
Confiança	Descanso	Esperança
Conformidade	Descoberta	Esperteza
Conforto	Desejo	Espírito
Congruência	Desenvoltura	Espiritualidade
Conhecimento	Desprendimento	Espirituosidade
Conquista	Destemor	Espontaneidade
Consagração	Destreza	Estabilidade
Consciência	Determinação	Estrutura
Consideração	Dever	Euforia
Consistência	Devoção	Exatidão
Contenção	Dignidade	Excelência
Contentamento	Diligência	Excentricidade
Continuidade	Dinamismo	Excitação
Contribuição	Direção	Expectativa
Controle	Disciplina	Expediência
Contundência	Discrição	Expertise
Convicção	Disponibilidade	Exploração
Cooperação	Diversão	Expressão
Coração	Diversidade	Expressividade
Coragem	Divertimento	Êxtase
Cordialidade	Dominância	Extravagância
Correção	Economia	Extroversão

Exuberância

Fama

Família

Fascinação

Fascínio

Fazer a diferença

Fé

Felicidade

Ferocidade

Fidelidade

Filantropia

Firmeza

Flexibilidade

Fluência

Flutuabilidade

Fluxo

Foco

Força

Força moral

Forma física

Franqueza

Frieza

Frugalidade

Galanteria

Garantia

Generosidade

Graça

Gratidão

Habilidade

Harmonia

Heroísmo

Honestidade

Honra

Hospitalidade

Humildade

Humor

Idoneidade

Imaginação

Imobilidade

Impacto

Imparcialidade

Imperturbabilidade

Importância

Independência

Independência

financeira

Ingenuidade

Inquisitivo

Inspiração

Integridade

Intelecto

Inteligência

Intensidade

Intimidade

Intrepidez

Introversão

Intuição

Inventividade

Investimento

Júbilo

Justeza

Justiça

Juventude

Lealdade

Liberdade

Libertação

Liderança

Ligeireza

Limpeza

Limpeza mental

Lisura

Lógica

Longevidade

Majestade

Maravilha

Maturidade

Mente aberta

Meticulosidade

Mindfulness

Minúcia

Mistério

Modéstia

Motivação

Nobreza

Obediência

Ofensividade

Ordem

Ordenação

Organização

Orientação

Originalidade

Otimismo

Ousadia

Paixão

Patrimônio

Paz

Percepção intuitiva

Perceptividade

Perfeição

Perseverança

Persistência

Perspicácia

Persuasão	Regozijo	Solidez
Pertencimento	Relaxamento	Sonho
Piedade	Religiosidade	Sucesso
Poder	Reserva	Surpresa
Pontualidade	Resiliência	Temperança
Popularidade	Resistência	Timing
Postura	Resolução	Trabalho em equipe
Potência	Respeito	Tradicionalismo
Pragmatismo	Reverência	Tranquilidade
Praticidade	Riqueza	Transcendência
Prazer	Sabedoria	Unidade
Precisão	Sacralidade	Utilidade
Preparo	Sacrifício	Valentia
Presença	Sagacidade	Variedade
Prestatividade	Sanguinidade	Vencer
Privacidade	Santidade	Veneração
Proatividade	Satisfação	Verdade
Profissionalismo	Saúde	Vigilância
Profundidade	Segurança	Vigor
Prosperidade	Sensibilidade	Virtude
Proximidade	Sensualidade	Visão
Prudência	Ser o melhor	Vitalidade
Pureza	Serenidade	Vitória
Rapidez	Serviço	Vivacidade
Razão	Sexualidade	Zelo
Razoabilidade	Silêncio	
Realismo	Simpatia	
Realização	Simplicidade	
Receptividade	Sinceridade	
Recognição	Sinergia	
Reconhecimento	Singularidade	
Recreação	Sociabilidade	
Refinamento	Solidão	
Reflexão	Solidariedade	

Você pode ter uma lista curta de palavras, uma lista muito longa ou alguma coisa entre uma e outra. Ótimo!

REDUZA AQUELA LISTA E ESCOLHA DE CINCO A DEZ PALAVRAS QUE MAIS REPRESENTAM SUA ESSÊNCIA.

Se você tiver dificuldades para reduzir sua lista, pense em que palavras são mais abrangentes ou têm significados parecidos para você. Por exemplo, você escolheu "amor" e "intimidade", ou "aprendizado" e "crescimento". Elas representam alguma coisa semelhante para você ou algo completamente único? Que palavras são importantes, mas não são as *mais* importantes?

A partir dessa seleção de cinco a dez palavras, você vai criar uma declaração para sua vida. Sei que a tarefa pode parecer assustadora; chegar a essa versão final pode demorar um tempinho.

Esforce-se para escrever alguma coisa nos próximos dez minutos. Determinar um limite de tempo para essa tarefa nos impede de cair num poço sem fundo de estresse e escrever variações e mais variações. (Sim, estamos fazendo a Lei de Parkinson trabalhar a nosso favor!) O objetivo hoje é criar um primeiro esboço que você possa continuar aperfeiçoando e editando como julgar adequado.

Aqui vão dois exemplos para ajudar você a começar. Note que as palavras em negrito saíram da lista de valores.

Exemplo 1: *Vivo uma vida de **integridade** e **serviço** contribuindo com minhas aptidões para o mundo – **humor**, **amor** e **conexão** com os outros.*

Exemplo 2: *Sinto **paz** e **importância**. Encaro todos os dias com meu melhor espírito, cheio de **compaixão**, **gratidão**, **amor** e **generosidade**, dando prioridade à minha família e aos meus amigos, bem como ao meu caminho de **independência financeira** e **crescimento**.*

A declaração de valores torna-se um roteiro para a vida. Ela simplifica cada decisão, seja ela financeira ou não, porque se concentra no que é mais importante para nós enquanto indivíduos. Ela vai nos ajudar a decidir quais despesas estão em sintonia com nossos valores.

Examine sua alocação de felicidade e classifique cada despesa levando em conta o quanto ela se alinha com seus valores, sendo 1 para muito alinhada e 5 para nada alinhada. Você vai notar que algumas despesas são extremamente alinhadas e importantes, enquanto outras estão longe disso.

Despesa	Classificação

Quando você vê o que é importante e o que não é, fica muito mais fácil desistir de despesas que não têm relevância. Além disso, o exercício é outra mudança de mindset que nos permite acrescentar mais do que valorizamos e queremos ao dia a dia, nos fazendo sentir ainda melhor em relação ao estilo de vida que temos. Ele também nos permite economizar sem sofrimento. Ufa!

Mantenha esse exercício à mão quando escrever suas diretrizes para a Semana Três. Pode haver algumas despesas de que você está pronto para desistir e outras alegrias mundanas que gostaria de experimentar.

Você também pode utilizar sua declaração de valores de outras maneiras. Dê uma olhada em sua agenda. Muitas vezes os gastos não estão em sintonia com seus valores, e a mesma coisa acontece com seu tempo. A forma como gastamos o tempo tem uma relação bastante próxima com a forma como gastamos nosso dinheiro, então examinar com atenção para onde vai seu tempo é uma ótima pedida durante o processo de Detox Financeiro. Depois, podemos realocar nosso tempo para coisas que são mais importantes. É uma alocação de felicidade para suas tarefas!

O CUSTO DE OPORTUNIDADE DOS NOSSOS GASTOS

DIRETRIZES PARA A SEMANA TRÊS

"Cada 'sim' indesejado o deixa mais distante de sua liberdade, do seu bem-estar e do tempo com você mesmo e com as pessoas que ama."

KRIS CARR

O propósito do dinheiro é ter e experimentar as coisas que queremos na vida. Ele nada mais é que uma ferramenta! Por que não o tratar dessa maneira e olhar para cada despesa como parte das coisas que fazem você mais feliz? Esse é um ótimo jeito de pensar em novas formas de usar e gastar nosso dinheiro.

Quais são os três itens ou experiências que fazem você mais feliz? Por exemplo, pode ser tomar uma cervejinha artesanal, ampliar seu patrimônio líquido ou receber uma massagem. Uma de minhas clientes é designer de moda, e comprar roupas é aquilo que mais lhe proporciona felicidade.

Em seguida, quanto custa (em média) cada um desses itens ou experiências que fazem você mais feliz? Por exemplo, um jantar com amigos pode custar US$ 60 com o serviço. Se você tem uma dívida de US$ 2 mil no cartão de crédito, esse é o custo de ficar com o nome limpo.

Quais são os três itens que mais fazem você feliz?	Quanto custam esses itens?
Jantar com amigos; ter o nome limpo; férias	US$ 60 com serviço; US$ 2 mil na fatura do cartão de crédito; US$ 1.500 por cinco dias
1.	1.
2.	2.
3.	3.

Se você se sente em dúvida sobre o que o faz feliz de verdade, leia sua declaração de valores para ter inspiração ou dê uma olhada em seu diário do dinheiro.

Comece com o primeiro item de sua lista. Ele deve ser o item que mais faz você feliz dentre os três. Você poderia ter mais dessa coisa se tivesse mais dinheiro para gastar? Se a resposta for sim, então esse é seu custo de oportunidade (falaremos mais sobre isso em breve), mas se a resposta for não, passe para o item seguinte. Por exemplo, se você incluiu a mensalidade de uma academia de ginástica, essa resposta seria um não, porque você não ia querer frequentar duas academias se tivesse mais dinheiro para gastar. Você já tem todos os benefícios pagando uma mensalidade.

O primeiro item de sua lista para o qual sua resposta for sim – ou seja, algo que você poderia ter mais caso tivesse mais dinheiro – é seu custo de oportunidade. *Custo de oportunidade* é o custo das alternativas a que você deve renunciar a fim de ir atrás de determinada ação. Lidamos com isso o dia todo, todos os dias. Cada vez que tomamos uma decisão de fazer ou experimentar alguma coisa, abrimos mão da oportunidade de fazer ou experimentar outra. Por exemplo, quando escolhemos ir a certo restaurante, deixamos de experimentar a comida e conhecer o ambiente de outro lugar. Da mesma maneira, quando escolhemos usar ou gastar nosso dinheiro de um jeito, não podemos usá-lo ou gastá-lo em outra coisa. Não importa quanto dinheiro temos, se é muito ou pouco. Só podemos usá-lo uma vez. Vale a mesma regra.

Podemos analisar cada uma de nossas despesas tendo em vista o custo de oportunidade – o objetivo mais cobiçado ou aquilo que mais queremos. Se o que você mais quer é uma massagem que custa US$ 125 ou pagar US$ 10 mil do seu financiamento estudantil, qualquer outra despesa o leva para mais longe desse objetivo. Muitas vezes, pensamos em nosso dinheiro de forma fragmentada e independente, e isso não passa de um jogo mental financeiro que não faz sentido. No fim, tudo faz parte da mesma soma!

A ideia não é fazer você se sentir culpado ou desencorajá-lo a gastar dinheiro em determinada coisa e assim alcançar seu objetivo mais cedo. Ao ponderar todas as possíveis despesas em relação ao que você mais quer, é possível decidir com propriedade que despesa vale mais para você.

Como fazer isso? Vamos retomar nossos exemplos. Se o que você mais quer é pagar seu financiamento estudantil, deve olhar para cada uma de suas despesas anuais pensando em quanto consegue amortizar da dívida. Se pudesse pagar US$ 250 da dívida em vez de gastar US$ 250 em cinema, investir esse valor em entretenimento ainda valeria a pena para você?

Se o que o motiva são as massagens, desistir dos US$ 250 de entretenimento poderia pagar duas sessões numa clínica de estética. Isso valeria a pena para você? A melhor parte é que é possível! Cabe a você decidir o que realmente o agrada mais em qualquer situação.

Este é seu desafio desta semana no Detox Financeiro: examine suas despesas, tendo em vista o custo de oportunidade que elas representam para você. Elas valem a pena?

AQUI VÃO ALGUNS JEITOS DE INCORPORAR A IDEIA DO CUSTO DE OPORTUNIDADE AO DIA A DIA:

💲 Acrescente uma coluna ao seu diário do dinheiro. Avalie o impacto de cada despesa por mês ou por ano. Qual é o custo de oportunidade?

- Experimente outros custos de oportunidade para ver qual o motiva mais.
- Imprima sua última fatura do cartão de crédito ou o extrato do cartão de débito e examine cada item pensando no custo de oportunidade.
- Pegue suas dez despesas mais altas e descubra o custo de oportunidade de cada uma.
- Compartilhe seu custo de oportunidade com três pessoas.
- Crie uma conta bancária separada para seu custo de oportunidade. Cada vez que decidir desistir de uma despesa, deposite o valor nessa conta.

Em seguida, relacione alguns itens que você acha que pode querer incluir novamente em suas diretrizes de gastos nesta semana. Podem ser coisas das quais não se sente pronto para desistir, itens de que sentiu falta durante seu Detox Financeiro ou algo que sabe que vai lhe trazer muita alegria. Então, inclua o custo médio do item, o custo anual e o custo de oportunidade. Por exemplo, talvez você esteja levando almoço para o trabalho, mas sente muita falta daquele delivery favorito. O almoço custa US$ 10 e você gostaria de pedir essa comida uma vez por semana, o que somaria US$ 520 por ano. Se seu custo de oportunidade é viajar, o custo de oportunidade do seu almoço semanal pode ser um voo para algum lugar legal ou duas diárias em um hotel ou um Airbnb.

Relacione alguns itens que você quer incluir novamente em seus gastos	Qual é o custo unitário?	Qual é o custo anual?	Qual é o custo de oportunidade?
Latte diário	US$ 4,30	US$ 1.570	5 dias de férias

Depois de concluir esse exercício, existem algumas despesas que você quer incluir novamente em suas diretrizes esta semana, considerando o custo de oportunidade? Se sim, ótimo! Agora é a hora.

Uma coisa que podemos fazer para reduzir o custo de oportunidade de cada uma dessas despesas é torná-las boas e baratas, o que significa torná-las melhores e com custo reduzido. Agora que sabe o que é importante para você, é simples tornar alguma coisa boa e barata. Você só vai precisar de um pouco de criatividade.

Antes de decidir se quer ou não incluir cada uma dessas despesas novamente entre suas diretrizes da Semana Três, pense em como pode torná-las boas e baratas. Dê preferência àquilo de que sente falta e desista do restante. Isso pode reduzir de maneira substancial o custo de oportunidade!

TORNE TUDO BOM E BARATO

PASSO 1

Escolha um item ou uma atividade. Vamos continuar com o exemplo do almoço.

PASSO 2

Identifique aquilo de que gosta nele. De que sente falta em relação ao almoço durante essa semana? É sair da mesa, dar uma volta, estar na companhia dos colegas ou variar a alimentação?

PASSO 3

Identifique do que não gosta. O que não aprecia em ter de comprar o almoço? Pode ser a própria comida, gastar os US$ 10 ou escolher o que vai pedir.

PASSO 4

Torne isso bom e barato. Quando identifica o que é mais importante para você a respeito de comprar o almoço, você pode se ater a isso e abrir mão do resto. Se sente falta do relacionamento com os colegas de trabalho ou mesmo de sair para caminhar, você pode ir dar uma volta com eles, depois retornar ao escritório e comer a comida que levou. Se sente falta de variar, pode planejar opções mais criativas para as refeições que vai levar na semana que vem. Essas são alternativas para você poder experimentar aquilo que mais aprecia e de que sente falta enquanto reduz despesas. É bom e barato!

PASSO 5

Faça um brainstorm com amigos. Envolva os amigos e a família nessa discussão, para que possam ter ideias juntos. Mais ideias representam mais possibilidades. Eles podem ter motivos diferentes para gostar de como as coisas são agora, por isso é bom garantir que as novas estratégias que adotar em sua vida agradem a eles também.

COMO FICARÃO SUAS DESPESAS PARA OS PRÓXIMOS SETE DIAS? NÃO DEIXE DE INCLUIR:

- Suas diretrizes originais para a Semana Dois. Ajuste tantas quantas julgar necessário.
- Maneiras para se manter conectado com seu **porquê**.
- A forma como vai comemorar e se recompensar ao longo do caminho.
- Todas as despesas das quais agora se sente preparado para desistir (novas camadas crocantes da cebola).
- Todas as despesas que agora se sente preparado para incluir novamente, com base em sua declaração de valores e no custo de oportunidade.
- Meios de tornar suas despesas boas e baratas.
- Mais alegrias mundanas.

Como sempre, examine a próxima semana e incorpore seus planos às diretrizes. Compartilhe o que está fazendo com amigos. O apoio, o incentivo e as ideias que eles dão podem fazer toda a diferença no progresso de seu Detox Financeiro, e muitas vezes você os inspira a também examinar os próprios gastos com um novo olhar.

ANOTE SUAS DIRETRIZES DE GASTOS PARA A SEMANA TRÊS.

1. _____
2. _____
3. _____
4. _____

5. _____

6. _____

7. _____

8. _____

9. _____

10. _____

**ESTE É SEU CHECKLIST PARA A SEMANA TRÊS DO
DETOX FINANCEIRO:**

- [ ] Complete os exercícios dos capítulos desta semana.
- [ ] Alimente seu diário do dinheiro.
- [ ] Viva suas diretrizes da Semana Três.

SEMANA QUATRO

SEMANA QUATRO

"O que torna algumas pessoas apenas sonhadoras, em oposição àquelas que vivem o sonho, é que os sonhadores nunca calcularam o preço de seus sonhos."
TONY ROBBINS

A essa altura, você deve estar bem satisfeito com seus gastos. Está gastando mais dinheiro nas coisas que considera mais valiosas, decidindo com propriedade que despesas são *realmente* mimos para si mesmo, e preenchendo sua vida com alegrias mundanas. Isso é motivo de comemoração!

Vamos começar o Detox Financeiro desta semana com um pouco de reflexão.

Reflexão da Semana Três

Você usou sua declaração de valores como guia para alguma decisão financeira?

_____
_____
_____
_____
_____
_____
_____
_____

O que pode fazer para manter sua declaração de valores sempre em mente?

_____
_____
_____
_____
_____
_____
_____
_____

Você usou seu custo de oportunidade para tomar alguma decisão financeira esta semana?

_____
_____
_____
_____
_____
_____
_____

Se reincorporou alguma diretriz baseada em valor, como se sentiu com isso?

_____
_____
_____
_____
_____
_____
_____

Se desistiu de alguma despesa que não agregava valor, sentiu falta dela? Como se sentiu com isso?

_____

_____

_____

_____

_____

_____

_____

_____

Some suas despesas da semana passada. Como elas se comparam às das Semanas Um e Dois?

_____

_____

_____

_____

_____

_____

_____

_____

Na Semana Quatro do Detox Financeiro vamos entender com clareza o que queremos, depois prepararemos o terreno para chegar lá o mais depressa e com a maior facilidade possível.

Vamos começar com os objetivos. Sabe todas aquelas coisas que você sempre quis fazer, ter e experimentar? Ora, devia ter, fazer e experimentar todas elas!

Muitas vezes temos medo de expressar nossos objetivos, inclusive para nós mesmos. Talvez até pensemos de forma vaga sobre o que queremos, mas não avaliamos essas metas do ponto de vista financeiro ou nos permitimos sonhar de verdade. Pode ser que você tenha uma preocupação excessiva com a maneira de chegar lá ou com o medo de fracassar. Esqueça tudo isso. No momento, é preciso se concentrar no objetivo propriamente dito, não no caminho para chegar até ele. Permita-se sonhar grande!

Você quer criar uma reserva de emergência, amortizar a dívida do cartão de crédito, viver bem dentro das possibilidades de seu orçamento, começar a investir ou comprar a casa própria? Ou talvez simplesmente queira criar um plano financeiro que lhe proporcione paz de espírito.

QUAIS SÃO SEUS TRÊS PRINCIPAIS OBJETIVOS?

Objetivo 1:

Objetivo 2:

Objetivo 3: _____

_____
_____
_____
_____
_____
_____
_____
_____
_____

A maneira como escreve os objetivos é importante, pois, caso sejam vagos ou estejam além de nosso controle, não nos preparamos para o sucesso na tentativa de conquistá-los. O método SMART (do inglês *specific, measurable, attainable, relevant* e *time-bound*) é uma das técnicas mais amplamente usadas e eficientes para a conquista de resultados. Ele estabelece que todos os objetivos devem ser específicos, mensuráveis, atingíveis, relevantes e ter um tempo determinado para sua realização.

Agora que sabemos o que queremos, podemos adequar nossos objetivos à proposta SMART.

Específico – O que exatamente você quer alcançar? Aqui entram as informações básicas de seu objetivo (quem, o quê, onde e por quê).

Mensurável – O que exatamente você vai ter, ouvir ou sentir quando conquistar seu objetivo? Como vai saber quando o tiver alcançado?

Alcançável – É possível para você alcançar esse objetivo? Você tem controle sobre o resultado? A meta é realista?

Relevante – Ele vale a pena? Você está disposto a dedicar o esforço necessário à realização desse objetivo?

Tempo determinado – Qual é o prazo para você alcançar seu objetivo? Quando isso vai acontecer?

Quando nossos objetivos são SMART, podemos conquistá-los com mais eficiência e facilidade. Os objetivos devem ser específicos e mensuráveis, para que possamos saber se de fato os alcançamos. Isso também nos ajuda a quantificá-los com mais precisão. Se você põe como meta "economizar mais dinheiro" ou "ganhar mais dinheiro", então, tecnicamente, tudo o que você precisa fazer é economizar ou ganhar um dólar ou até um centavo a mais. É esse o resultado que você procura? Provavelmente não.

Os objetivos também devem ser alcançáveis. O resultado está dentro da sua esfera de controle? Por exemplo: "Meu marido vai parar de gastar tanto dinheiro" não é um objetivo alcançável de verdade, porque não temos controle direto sobre o que outra pessoa faz, por mais que possamos querer ter! Alcançável também significa ser realista. Com base nas informações que você reuniu sobre seus gastos e na sua alocação de felicidade, atingir esse objetivo no tempo planejado é uma possibilidade realista para você? Se não, que ajustes podem ser feitos?

A relevância de um objetivo também é extremamente importante. Há algumas metas que você pode ser *capaz* de alcançar, mas você realmente *quer* isso? Seu objetivo é uma empreitada motivadora, que vale a pena para você? Sem esse propósito, podemos ir atrás das coisas erradas, e não nos sentiremos estimulados para alcançar o objetivo, muito menos realizados quando isso acontecer.

Por fim, o objetivo deve ter um limite de tempo, de forma que fique claro quando planejamos realizá-lo. Alcançar um objetivo em um ano, em vez de dez ou vinte anos, pode fazer uma diferença muito grande, por isso a determinação desse intervalo nos mantém responsáveis por aquilo que queremos conquistar.

Aqui estão dois exemplos de objetivos: (1) "quero economizar mais dinheiro"; (2) "quero ganhar mais dinheiro".

Específico – O que é "mais"? (1) e (2): US$ 10 mil.

Mensurável – Isso é ao longo do próximo ano, de cinco anos, ou de dez anos? (1) e (2): por ano.

Alcançável – Isso vai depender de muitos fatores! (1): Como é sua alocação de felicidade? (2) Você tem espaço para negociar salário em seu cargo atual? Está aceitando outros trabalhos para aumentar a renda?

Relevante – Isso vale a pena? (1) e (2): Por que você quer economizar e ganhar mais US$ 10 mil por ano? O que isso vai lhe proporcionar? É motivador? Como vai se sentir quando conseguir?

Tempo determinado – Até quando vai alcançar esses objetivos? (1) e (2): No fim do ano.

Crie objetivos SMART para maximizar o sucesso.

EXEMPLO DE OBJETIVO

Descreva o objetivo:	Até quando e como vai alcançá-lo?
US$ 4 mil para férias em família no Marrocos em maio	Nos próximos 18 meses
Ele é mensurável?	**É relevante?**
Sim	Sim
É alcançável?	**Qual é seu grau de comprometimento (1 a 10)?**
Sim	9

OBJETIVO Nº 1

Descreva o objetivo:	Até quando e como vai alcançá-lo?
É mensurável?	**É relevante?**
É alcançável?	**Qual é seu grau de comprometimento (1 a 10)?**

OBJETIVO Nº 2

Descreva o objetivo:	Até quando e como vai alcançá-lo?
É mensurável?	**É relevante?**
É alcançável?	**Qual é seu grau de comprometimento (1 a 10)?**

Depois que você adéqua seus maiores objetivos ao método SMART, eles se tornam a motivação para tudo o que você faz em relação ao dinheiro! Eles vão inspirar você por muito tempo depois que concluir o Detox Financeiro, além de manter seu entusiasmo para conservar esse novo e poderoso estilo de vida financeira.

CRIE SUA EQUIPE DOS SONHOS

"Amizade... nasce no momento em que um homem diz a outro: 'O quê? Você também? Pensei que fosse só eu...'."

C. S. LEWIS

Mesmo com os amigos mais próximos e a família, pode ser difícil falar sobre dinheiro. Por esse e vários outros motivos, não é muito comum compartilharmos nossos objetivos financeiros. Guardamos tudo para nós.

À primeira vista talvez isso não pareça muito importante, mas se as pessoas com quem convivemos – aqueles que mais nos querem bem – não sabem o que pretendemos conquistar, elas não conseguem nos apoiar quando buscamos esses objetivos. Guardar suas metas só para si mesmo é solitário e pode fazer com que você sinta como se estivesse fazendo tudo sozinho. Não precisa ser assim!

Aliás, família e amigos podem até nos incentivar a fazer coisas que vão contra nossos objetivos se não têm conhecimento de nossos planos.

Aqui vai um exemplo. Se você está tentando adotar uma alimentação saudável para perder peso e não contou à sua melhor amiga, ela pode, sem saber, oferecer um sorvete ou insistir para você experimentar a sobremesa que ela acabou de fazer, porque "você merece" e "está uma delícia"! Ela tem a melhor das intenções – só quer que você seja feliz. Mas se soubesse que você está tentando comer melhor e entendesse por que você quer emagrecer, provavelmente apoiaria ainda mais seus novos hábitos.

Isso também vale para o dinheiro! Se sua melhor amiga sabe que você está economizando para adquirir a casa própria e no seu caso isso significa comprar muito menos, ela não vai convidar você para ir à liquidação de sua loja favorita nem incentivar que você leve aquela blusinha só porque "ficou muito fofa em você". Ou, se economizar para uma casa significa gastar menos dinheiro em saídas com amigos, é provável que ela fique menos propensa a insistir que você pague a próxima rodada de bebida.

Pense nas pessoas com quem passa mais tempo, perto e longe. Pode ser pessoalmente, por telefone, por aplicativos de mensagem ou até pelas redes sociais. Pode ser seu parceiro, membros da família, melhores amigos, colegas ou qualquer um que se importe com sua felicidade e seu bem-estar, mas que também influencie suas decisões de gastos diários. Essa é sua Equipe dos Sonhos.

QUEM É SUA EQUIPE DOS SONHOS?

_____

_____

_____

_____

_____

_____

_____

_____

Agora que você sabe quem é sua Equipe dos Sonhos, é importante contar aos membros! Quem não se sentiria honrado por fazer parte de seu círculo mais íntimo de amigos e familiares influentes? A fim de incluir pessoas na sua Equipe dos Sonhos, você precisa compartilhar seu(s) objetivo(s) ou o que se dispôs a conquistar em sua vida financeira. Depois, vai explicar como eles podem dar apoio durante esse processo, e juntos vocês vão bolar um plano para fazer isso acontecer.

Vou contar um exemplo pessoal. Meu marido, Justin, é um membro extremamente importante da minha Equipe dos Sonhos. Ele se importa comigo, e tomamos muitas decisões financeiras juntos. Ele também tem muita influência sobre como eu gasto meu dinheiro no dia a dia. Antes de nos casarmos, até antes mesmo de ficarmos noivos, um dos meus objetivos era economizar para investir na minha empresa, a Fiscal Femme. Percebi que uma das maneiras de ele me ajudar a alcançar esse objetivo mais depressa e com mais facilidade seria reduzir nosso gasto diário com alimentação. Sempre alternávamos a conta do delivery e, embora fosse conveniente, não saía barato!

Quando contei para ele meu objetivo, pensamos juntos em um plano. Ele continuou pedindo comida quando era a vez dele de se encarregar do jantar, porque adorava a variedade e a conveniência. Quando era minha vez, fazíamos alguma coisa com o que tínhamos na despensa. Felizmente, Justin não se importava de comer ovos e queijo quente quase sempre.

Como vê, é realmente importante incluir sua Equipe dos Sonhos no processo de planejamento, porque o que eles fazem e valorizam também deve ser levado em consideração. Juntos vocês podem pensar em estratégias criativas e bem-sucedidas.

Seu porquê também é uma informação muito importante a ser compartilhada, em especial se o apoio de sua Equipe dos Sonhos significa uma mudança importante de estilo de vida. Se você se queixa com seu amigo sobre ter que começar a economizar dinheiro, é muito menos provável que consiga trazê-lo para sua Equipe dos Sonhos, bem menos do que será se disser a ele o quanto vai se sentir livre e aliviado depois de quitar suas dívidas, ou seja, qual for seu porquê.

Digamos que você tem um amigo em sua Equipe dos Sonhos que gosta muito de comer. Provavelmente, vocês saem juntos para comer em um bom restaurante, um lugar caro, toda semana. O novo plano pode ser mudar esses encontros para a cada duas semanas e tentar encontrar lugares com um preço mais camarada. Ou então vocês decidem ir a um restaurante mais caro somente uma vez por mês.

Compartilhe com cada membro da sua Equipe dos Sonhos o que você quer e por quê. Depois, criem juntos um plano que o ajude a alcançar esse objetivo mais depressa e com menos sofrimento. Se está pensando em como seus novos hábitos financeiros vão afetar as pessoas que ama, não se preocupe mais. Você pode ser criativo e tornar seus planos bons e baratos. O fato de estar economizando para conquistar seus objetivos não significa que precisa deixar a diversão de lado ou desistir de se dedicar às coisas que valoriza.

Além disso, algo bacana acontece quando você informa sua Equipe dos Sonhos sobre os objetivos que tem. Eles podem compartilhar os próprios objetivos com você, e assim você também pode apoiá-los no que pretendem realizar. De novo, todo mundo sai ganhando.

MEMBRO Nº 1 DA EQUIPE DOS SONHOS

O que você quer?	Por que quer isso?	Crie um plano.
Diminuir o gasto com alimentação	Economizar para investir na empresa	Eu preparo o jantar quando for minha vez; você pede comida quando for sua vez

MEMBRO Nº 2 DA EQUIPE DOS SONHOS

O que você quer?	Por que quer isso?	Crie um plano.

MEMBRO Nº 3 DA EQUIPE DOS SONHOS

O que você quer?	Por que quer isso?	Crie um plano.

E se as conversas sobre dinheiro com sua Equipe dos Sonhos forem motivo de pânico? Aqui vão algumas estratégias para começar o papo:

- Comece com algo pequeno. Compartilhe alguma coisa que quer ou um de seus objetivos.
- Pergunte sobre os objetivos financeiros deles.
- Conte a eles que está lendo *Detox financeiro*, para que eles tenham alguma noção da origem dessa mudança (ou até para me culparem por isso!).
- Peça que pensem com você em alguma coisa boa e barata ou em uma alegria mundana.
- Comece com a pessoa mais fácil da lista. Ter essas conversas fica cada vez mais tranquilo com a prática. Muitas vezes, quando percebe que as pessoas ficam animadas, ou até aliviadas, você adquire mais confiança.
- Garanta a leveza. Essa conversa não precisa de muita cerimônia, muito menos ser assustadora ou sofrida. Você pode introduzir o assunto durante o jantar, uma taça de vinho ou até por mensagem de texto. Provavelmente você vai acabar se recriminando por não ter feito isso antes!

Depois de concluir esse exercício, você vai ter um plano para sua Equipe dos Sonhos, que vai ser uma grande base de apoio, além de tornar suas novas práticas financeiras muito mais fáceis de manter. Se você encontrar algumas soluções criativas, seus novos hábitos não vão impedir a felicidade nem prejudicar o estilo de vida de ninguém e, melhor de tudo, você vai conquistar seus objetivos.

ATENUE TOXINAS AMBIENTAIS

DIRETRIZES PARA A SEMANA QUATRO

"Precisamos lembrar o que é importante na vida: amigos, waffles, trabalho. Ou waffles, amigos, trabalho. Não importa, mas o trabalho fica em terceiro lugar."

LESLIE KNOPE, *PARKS AND RECREATION*

A seguir, vamos tratar do nosso ambiente, que é outro fator muito importante e de grande influência na vida financeira. Infelizmente, muitas vezes ele pode ser tóxico!

Toxinas ambientais são as pessoas, os lugares e as coisas responsáveis por nossos maiores gastos. Pode ser um amigo com quem você sai e sempre volta para casa tentando entender como gastou tanto dinheiro, ou a loja de onde não consegue sair sem passar o cartão.

É comum pensarmos em compras impulsivas ou gastos tóxicos como coisas grandes, caras, mas eles não necessariamente são assim. Qualquer coisa que não estava em nosso planejamento financeiro e que vire um arrependimento mais tarde é tóxica. E o problema não é só a despesa isolada. O gasto tóxico pode desregular as despesas pelo resto do dia ou até por semanas. É aí que acontece o verdadeiro mal.

O primeiro passo para atenuar toxinas ambientais é identificá-las. Quando seus gastos fogem ao controle, quem está lá? Existem pessoas, locais, experiências ou determinados itens que fazem parte frequentemente do seu gasto tóxico? Para descobrir essa resposta, vamos fazer uma lista de suas toxinas ambientais e, em seguida, pensar em planos para lidar com elas de maneira eficiente.

Vamos começar com pessoas, já que elas costumam ter a maior influência em nossa vida, e assim podemos nos preocupar com a forma como o Detox Financeiro e os novos hábitos financeiros afetarão nosso relacionamento com elas, tanto no sentido positivo como no negativo.

Você já definiu sua Equipe dos Sonhos, mas ainda sobram todas as outras pessoas. Como lidar com as pessoas que não são família, parceiro ou amigos próximos? Primeiro, pense em algumas situações típicas, em que o ambiente interfere nos seus gastos. Perceba quem está com você.

Algumas situações típicas em que o ambiente afeta seus gastos	Quem está lá?
Beber com amigo se transforma em drinques caros + jantar	Betsy

Nesse exemplo, acabo perdendo o controle financeiro quando saio para beber com amigos, e isso se transforma em muitos drinques caros e um jantar. Ao me lembrar das últimas situações em que isso aconteceu, percebo que minha amiga Betsy normalmente estava lá. Talvez Betsy seja uma toxina ambiental.

Entre nós, isso pode soar meio ríspido. O fato de alguém ser tóxico para nosso bolso não significa que essa pessoa é má ou que não podemos mais encontrá-la. Só é importante ter isso em mente e adotar algumas estratégias para atenuar os efeitos negativos que essas situações têm sobre nossos gastos.

Quando sabemos quais são nossas toxinas ambientais, podemos amenizá-las.

Em primeiro lugar, vale planejar uma alocação ou meta de gasto para cada área em que seu gasto tóxico aparece. Digamos que você e sua amiga saem regularmente para beber. Com base nas primeiras três semanas do Detox Financeiro, você pode decidir gastar US$ 50 por semana com drinques. Digamos que US$ 20 desses US$ 50 sejam gastos, em geral, com alguém da sua Equipe dos Sonhos. Você ainda tem US$ 30 por semana para beber com outras pessoas. Ou, ainda, você pode sair para beber a cada duas semanas e gastar US$ 60 com pessoas que não fazem parte da sua Equipe dos Sonhos. Nessa lógica, os gastos são muito parecidos com peças de um quebra-cabeça. Podemos experimentar números em nossa alocação de felicidade para ver se eles funcionam.

Aqui vão algumas estratégias que você deve pôr em prática depois de definir suas metas de gastos:

- 💲 Se você tem espaço em sua alocação de felicidade e decide gastar dinheiro nessa área depois de considerar o custo de oportunidade, tudo bem! Você pode desembolsar uma determinada quantia nessa área.
- 💲 Se você não tem dinheiro para gastar nessa área ou escolhe não gastar nela, pode dizer apenas não ou sugerir uma alternativa menos cara ou mais satisfatória.

TEM ESPAÇO NA SUA ALOCAÇÃO DE FELICIDADE?

SIM → Diga não

NÃO → Sugira uma alternativa

Muitas vezes nos sentimos impotentes em relação a como gastamos dinheiro com outras pessoas em situações sociais, mas podemos escolher exatamente como queremos lidar com isso.

A partir daí, podemos pegar esses cenários tóxicos e estabelecer nosso plano de gastos para cada um deles. Se for compras, quanto você quer gastar com isso por semana ou mês? Depois, para cada uma dessas situações, qual estratégia vai funcionar melhor para você e seus valores? Dizer sim, mas se manter dentro de uma meta de gastos, simplesmente dizer não ou sugerir uma alternativa?

Qual é seu plano de gastos para cada um de seus cenários "tóxicos"?	Que estratégia se adéqua melhor?

Se pensar com atenção em sua rotina, você pode acabar encontrando outras estratégias que podem funcionar bem para você. Acrescente-as e incorpore-as ao seu trabalho com as toxinas ambientais. Faça um brainstorm com sua Equipe dos Sonhos e anote o que funciona e o que não funciona.

EXISTEM ALTERNATIVAS QUE FAZEM SENTIDO PARA VOCÊ?

_____

_____

_____

_____

_____

_____

_____

_____

_____

_____

As diretrizes que você criou para a forma como gasta dinheiro com membros da sua Equipe dos Sonhos e todas as outras pessoas vão se tornar outra camada de suas diretrizes desta semana do Detox Financeiro.

ATIVIDADES EM GRUPO

Muitas vezes as atividades em grupo são fonte de problemas ou toxinas ambientais. O custo total pode parecer além de seu controle e é comum que o valor seja muito mais elevado do que imaginamos. Como com qualquer outra coisa, não deixe de incluir eventos em grupo na sua alocação de felicidade. Recomendo acrescentar uma gordura de 10 a 20% do custo esperado, o que chamo de imposto de grupo. É muito melhor superestimar com antecedência do que se estressar com isso e deixar de aproveitar o evento. Se isso não cabe na sua alocação de felicidade, você pode dizer não. Ou pode decidir participar de apenas uma atividade em grupo por mês e priorizar aquelas com seus amigos mais próximos. Tudo gira em torno de prioridades e planejamento, de forma que você possa tomar as melhores decisões possíveis.

Agora vamos analisar coisas e lugares tóxicos. Todo mundo tem esses lugares. São aqueles que, independentemente do que dizemos a nós mesmos que pretendemos fazer, sempre causam problema. Pode ser uma loja favorita com todas aquelas coisas de que na verdade você não precisa; pode ser determinado restaurante onde você não resiste ao menu degustação; ou pode ser sua cama, onde você faz compras on-line tarde da noite!

Para mim, um lugar que funciona como gatilho é a Sephora, ou qualquer loja de cosméticos onde experimento alguma maquiagem. Acabo comprando muitos desses produtos. Na hora, sempre acho que é uma ótima ideia, mas depois me sinto culpada e percebo que não precisava de boa parte (ou a maioria!) deles.

Quais são alguns de seus lugares tóxicos? Se a resposta for muitos, pense nos três principais. Você sempre pode atualizar e expandir essa lista se achar necessário.

E coisas tóxicas? Isso pode ser um pouco complicado, porque diferentemente de pessoas e lugares específicos, elas podem aparecer por todos os lados. Uma das minhas coisas tóxicas é smoothie para viagem quando estou com pressa, entre uma reunião e outra.

CRIE DIRETRIZES PARA LUGARES TÓXICOS. QUAIS SÃO OS QUE FUNCIONAM COMO GATILHO DE GASTOS PARA VOCÊ?

CRIE DIRETRIZES PARA COISAS TÓXICAS. QUAIS SÃO AS QUE FUNCIONAM COMO GATILHO DE GASTOS PARA VOCÊ?

E agora, o que fazemos com isso? A estratégia mais fácil para qualquer um dos itens anteriores é apenas evitá-los! Parece fácil, mas em muitos casos há situações em que simplesmente não é possível. Veja o supermercado, por exemplo. É um lugar que funciona como gatilho para muita gente. Você pode entrar com um plano e acabar comprando um monte de salgadinhos, cosméticos e outras coisas de que não precisa ou que não tinha intenção de comprar. Isso pode acabar custando muito mais do que o planejado, e talvez você acabe nem fazendo a compra de comida da semana! Você pode evitar a ida ao supermercado comprando on-line, deixando a tarefa para seu parceiro ou fazendo suas refeições fora, mas é possível que essas estratégias não funcionem para o seu estilo de vida.

Nos casos em que não pode evitar o lugar ou a coisa que funciona como gatilho, qual é seu plano? Vamos continuar com o exemplo do supermercado. Você sabe que o supermercado é um lugar que funciona como gatilho, porque sempre gasta o dobro do que planejava e acaba com um monte de coisas desnecessárias. **Qual é o plano?** Você decide que, levando em conta sua média de gastos para uma semana de alimentos, não vai gastar mais de US$ 70 por semana em um supermercado.

É importante criar um sistema de recompensas para quando cumprir o plano. Pode parecer uma estratégia boba e fútil, mas você se surpreenderia com a eficiência das recompensas. Experimente para ver! **Qual é a recompensa?** Se você cumpre o plano, pode comprar um presentinho para si mesmo, assistir a uma de suas séries sem culpa ou fazer alguma coisinha que o deixe animado.

De volta ao meu exemplo da Sephora, eu poderia criar uma diretriz para evitar ir à loja e comprar pela internet quando precisar repor algum produto. Ou, se quiser me maquiar na loja, gastar só o mínimo para pagar pelo serviço. Qual é minha recompensa? Se cumpro o plano, posso agendar uma maquiagem para o próximo evento que tenho marcado em seis meses. Assim como seus objetivos, as diretrizes de gastos devem ser muito específicas, de forma que você consiga saber se as está seguindo.

LUGAR GATILHO DE GASTOS Nº 1

Se for inevitável, qual é seu plano?	Como vai se recompensar?
Sephora: sair sem comprar	Posso agendar uma maquiagem para meu próximo evento

LUGAR GATILHO DE GASTOS Nº 2

Se for inevitável, qual é seu plano?	Como vai se recompensar?

LUGAR GATILHO DE GASTOS Nº 3

Se for inevitável, qual é seu plano?	Como vai se recompensar?

ITEM GATILHO DE GASTO Nº 1

Se for inevitável, qual é seu plano?	Como vai se recompensar?
Delivery: limitar a uma vez a cada duas semanas	Se mantiver por três meses, compro o tênis novo que estou querendo

ITEM GATILHO DE GASTO Nº 2

Se for inevitável, qual é seu plano?	Como vai se recompensar?

ITEM GATILHO DE GASTO Nº 3

Se for inevitável, qual é seu plano?	Como vai se recompensar?

COMO INTERROMPER O CICLO DE GASTOS

Toxinas ambientais podem nos colocar numa situação delicada, porque é possível que funcionem como gatilho para o que chamo de *ciclo de gastos*. O ciclo de gastos é a euforia que sentimos depois de uma compra, que logo dá lugar a sentimentos de culpa e vergonha. A culpa e a vergonha nos fazem gastar ainda mais para nos sentir melhor, perpetuando o ciclo!

Isso é semelhante ao que pode acontecer com dietas restritivas. Quando seguimos uma dieta muito rígida, mas escorregamos e comemos uma fatia de bolo, podemos nos sentir tão culpados e péssimos por furar a dieta que acabamos comendo o bolo inteiro. Na verdade, o pedaço de bolo não é o problema, e sim comer o bolo inteiro. É assim que as toxinas ambientais funcionam. E, por causa delas, podemos perder completamente o controle sobre os gastos por dias, semanas e até meses.

Se você se descobrir preso no ciclo de gastos, talvez valha a pena passar metade de um dia ou até um dia inteiro fazendo um jejum de gastos. Você também pode voltar às suas diretrizes originais da primeira semana do Detox Financeiro para romper o ciclo e recuperar o controle.

A REGRA DAS 48 HORAS

Recomendo fortemente estabelecer um patamar para seus gastos e aplicar a regra das 48 horas para qualquer coisa que ultrapasse esse limiar. Por exemplo, não vou comprar nada que custe mais de US$ 100 antes de pensar nisso por 48 horas. Essa tática é útil porque, passado o afã do momento, é muito comum que não valha a pena perder o tempo ou fazer o esforço para voltar e comprar aquela coisa de que eu *realmente* precisava um ou dois dias antes. Você pode estabelecer um limite de US$ 100, US$ 200 ou até US$ 25 – o valor que fizer sentido para você.

Descobri que a regra das 48 horas também funciona bem com casais, quando o patamar representa o valor que terá que ser discutido com o parceiro antes de gastar o dinheiro em alguma coisa. Para comprar qualquer coisa que custe mais de US$ 100 ou US$ 200, o casal precisa estar de acordo (a menos que seja uma despesa rotineira, como aluguel ou contas). Ter essas conversas com antecedência pode evitar surpresas desagradáveis e muito estresse.

Saber que as toxinas ambientais existem é meio caminho andado. E agora você tem estratégias para lidar com elas, que vai incorporar em suas diretrizes para a próxima semana.

Apesar de ter feito um maravilhoso planejamento, você vai encontrar obstáculos pelo caminho. Às vezes até os planos mais bem-feitos deixam de funcionar. Se seu plano para lidar com uma toxina ambiental não der certo, não se castigue. Aproveite-o como uma experiência de aprendizado. O que funcionou e o que não deu certo? Faça ajustes no plano para o futuro. Com o tempo, seus planos vão ficar cada vez melhores!

AGORA VOCÊ ESTÁ PREPARADO PARA ESCREVER SUAS DIRETRIZES PARA A SEMANA QUATRO DO DETOX FINANCEIRO. NÃO DEIXE DE INCLUIR:

- Suas diretrizes originais para a Semana Três. Ajuste tantas quantas considerar necessário.
- Lembretes de seus objetivos mais cobiçados (e a motivação para embarcar no Detox Financeiro) em sua vida diária.
- Estratégias e planos para as pessoas da sua Equipe dos Sonhos. (Lembre, elas são uma parte muito importante do processo de planejamento!)
- Diretrizes para atenuar toxinas ambientais em sua vida (pessoas, lugares e coisas).
- Recompensas para quando cumprir seus planos para atenuar toxinas ambientais.

Como sempre, pense na próxima semana e incorpore esses planos em suas diretrizes.

ESCREVA SUAS DIRETRIZES DE GASTOS PARA A SEMANA QUATRO.

ESTE É SEU CHECKLIST PARA A SEMANA QUATRO DO DETOX FINANCEIRO:

- ☐ Complete os exercícios dos capítulos desta semana.
- ☐ Alimente seu diário do dinheiro.
- ☐ Viva de acordo com suas diretrizes da Semana Quatro.

BEM-VINDO AO SEU NOVO ESTILO DE VIDA FINANCEIRA

CONCLUSÃO

SEU NOVO ESTILO DE VIDA FINANCEIRA

"A filosofia de se projetar um estilo de vida é muito simples, na verdade. Ela sugere que há inúmeras maneiras de rearranjar e configurar sua vida e que as logísticas do viver são muito mais flexíveis que a maioria imagina."
CLAY COLLINS

A essa altura, seus novos hábitos financeiros não são mais diretrizes; eles se tornaram um estilo de vida. Depois de concluir o Detox Financeiro, sua relação com o dinheiro e seu mindset financeiro estarão transformados para sempre. E transformação é como andar de bicicleta: você nunca esquece. Se seus novos hábitos financeiros parecerem um pouco frágeis eventualmente, saiba que é possível recuperar o controle e retomar o mindset pós-Detox Financeiro refazendo os exercícios e revendo os princípios deste livro.

Vamos refletir sobre os últimos sete dias de seu Detox Financeiro.

REFLEXÃO DA SEMANA QUATRO

Qual é seu principal objetivo financeiro? Quando e como pretende conquistá-lo?

_____
_____
_____
_____
_____
_____
_____

Quem está na sua Equipe dos Sonhos? Que planos você fez com essas pessoas?

Que estratégias ou recompensas usou para atenuar pessoas, lugares e coisas tóxicas? Em que medida essas estratégias funcionaram?

Some seus gastos na última semana. A essa altura, você deve ter quatro semanas de registros!

Antes de você partir para o mundo pós-Detox Financeiro, quero fornecer mais algumas práticas e princípios que podem fazer a diferença. O primeiro é como alocar seu dinheiro tendo em mente seus objetivos mais cobiçados – traduzindo: como economizar dinheiro!

A maneira como costumamos tratar a questão de guardar dinheiro não funciona. Ganhamos dinheiro, vivemos a vida, e planejamos depositar qualquer centavo que sobre na poupança. Acontece que, quando fazemos isso, nunca sobra dinheiro nenhum para ser guardado. Lembra da Lei de Parkinson? Nossas despesas sempre ocuparão o espaço que deixarmos disponível para elas.

É bem irônico priorizarmos as contas e despesas diárias em vez de remunerarmos a nós mesmos e comprarmos as coisas que mais queremos. Ganhar dinheiro e pagar todo mundo primeiro? Não, obrigada... isso acaba agora!

Quando pagamos nós mesmos primeiro, nós nos tornamos oficialmente poupadores. Não é mais uma questão de "economizar seria bom para ter" ou "queria que isso acontecesse"; trazemos as economias à tona. Primeiro temos que passar para o mindset que nos permite olhar para as economias como qualquer outra despesa, e depois fazemos a economia acontecer.

FAÇA A ECONOMIA ACONTECER RESPONDENDO ÀS SEGUINTES PERGUNTAS:

Para onde vão as economias? Exemplo: Poupança on-line

_____

_____

_____

_____

_____

_____

Quanto você pretende economizar? Exemplo: US$ 100

Com que frequência pretende economizar esse valor? Exemplo: A cada salário

Que atitudes pretende tomar para fazer isso acontecer? Exemplo: Para economizar US$ 100 a cada quinze dias, vou preparar o jantar duas vezes por semana

A primeira parte dessa equação é para onde vão suas economias. Essa é uma questão muito importante, na verdade. Quando temos a conta-corrente e a conta-poupança conectadas no mesmo banco, costuma ser muito difícil manter o dinheiro na poupança. Por quê? De novo essa danada da Lei de Parkinson. Ao acessarmos a conta, vemos dinheiro na poupança e sentimos que ele está disponível. Inevitavelmente, o transferimos para a conta-corrente e usamos.

Há pessoas que conseguem economizar dinheiro em uma conta-poupança conectada à conta-corrente no mesmo banco, mas minha experiência indica que isso não é muito comum.

É por isso que recomendo veementemente a abertura de uma conta separada para suas economias. O dinheiro continua lá disponível quando precisar dele, mas não vai *parecer* disponível, porque a transferência vai demorar um pouco mais. Ainda mais importante, tem aquela questão de "longe dos olhos, longe da consciência". É muito mais fácil economizar quando conta-corrente e conta-poupança são separadas.

CONTA COM RENDIMENTO AUTOMÁTICO ON-LINE

Gosto muito das contas digitais. Elas funcionam inteiramente on-line, e, como os bancos digitais não têm os custos de manutenção de uma locação física, podem pagar juros um pouco mais altos. As taxas de juros estão baixas agora, mas você deve conseguir alguma coisa em torno de 1 a 1,5% ao ano de rendimento nessas contas.[22] Isso é, provavelmente, mais que cem vezes melhor que os juros de um banco comum. Mais economias significam mais renda.

Contas on-line também costumam ser completamente gratuitas (escolha uma entre as grátis, então!), e os aplicativos têm atributos divertidos que permitem que você organize suas metas em categorias diferentes. É muito mais motivador ver objetivos específicos sendo financiados do que alimentar uma poupança sem graça.

Você também pode programar transferências automáticas para categorias ou objetivos específicos, de forma que as contas cresçam de acordo com o planejado, sem ter que pensar duas vezes nisso.

Essas contas também são separadas de sua conta-corrente, o que faz o dinheiro parecer menos disponível para gastar no dia a dia.

O PLANO DE PAGAR VOCÊ MESMO PRIMEIRO

Onde?	Quanto?	Com que frequência?	Ações necessárias
Conta on-line	US$ 100	A cada duas semanas	Cozinhar duas vezes por semana

Quando você tem uma conta para guardar dinheiro, seu próximo passo é tornar a economia para seus objetivos automática. Assim, está oficialmente pagando a você mesmo primeiro, em vez de esperar para ver o que sobra.

Como sabe quanto precisa economizar para seus objetivos e quanto está economizando regularmente, você pode calcular quanto tempo vai demorar para alcançar seus objetivos. Não deixe que isso o desestimule. O fato de estar economizando dinheiro é muito mais importante do que quanto está economizando. Poupar costuma ter um efeito bola de neve. Assim que começa, você pode e vai crescer!

Se está vivendo no limite do salário todo mês e não tem ideia de quando vai começar a economizar, faça uma experiência. Estabeleça um mínimo de até US$ 5 para transferir para sua conta de economias toda semana. É provável que você se surpreenda ao ver que não vai sentir falta desses US$ 5, embora não tenha ideia de onde eles virão. Se isso acontecer, dobre o valor depois de algumas semanas e veja se vai sentir falta de US$ 10. Continue elevando o valor toda semana até sentir falta dele.

Esse jogo de economizar pode parecer contraintuitivo – sobretudo se você tem rendimentos irregulares –, mas experimente. É mágico!

Depois, você vai querer pôr seu dinheiro para trabalhar. Em vez de manter todas as economias em um só grande grupo, você pode dividi-las em objetivos específicos. Pode ter uma reserva para contratempos, uma reserva para férias, uma reserva para a compra da casa própria etc. Assim fica claro que quantias são dedicadas a quais metas. Isso torna a alocação do dinheiro para cada objetivo menos confusa e muito mais motivadora.

Por exemplo, se você está economizando US$ 100 a cada duas semanas, que objetivo ou objetivos está financiando? Você está financiando vários objetivos ao mesmo tempo ou escolheu financiar primeiro seu principal objetivo antes de passar para o próximo?

QUANTO VOCÊ DEVE TER EM UMA RESERVA PARA CONTRATEMPOS?

O equivalente a três meses de economias? Dois anos? Veja como calcular quanto reservar para o inesperado.

PASSO 1

Primeiro, pense em algumas situações de emergência. Eu sei, esse exercício parece horrível à primeira vista, mas tornar sua reserva para contratempos tangível e precisa é muito útil. Por exemplo, planeje-se para cenários nos quais você perde o emprego ou um de seus pais adoece.

PASSO 2

Quantos meses para você se sentir confortável? Se alguns dos cenários que você relacionou acontecesse, quantos meses de despesas você gostaria de ter assegurados? Três? Seis? Doze?

PASSO 3

Quais seriam seus gastos mensais no caso de uma emergência? Esse passo é muito importante, porque seus gastos provavelmente seriam muito diferentes se um desses cenários acontecesse. Por exemplo, se você perdesse o emprego, gastaria menos em determinadas áreas. De que despesas você abriria mão? Teria despesas adicionais? A partir daí, você pode calcular seu gasto total por mês.

PASSO 4

Calcule sua reserva de emergência. Multiplique o número de meses pelo valor que estima que vai gastar por mês. O total é a quantia que você gostaria de ter em uma reserva de emergência.

Se esse número parece difícil de alcançar, tudo bem. Economizar para sua reserva para contratempos pode se tornar um de seus objetivos.

COMO PRIORIZAR SEUS OBJETIVOS

Muitas pessoas têm mais de um objetivo. Quantos objetivos você tem e quais devem ser prioridade?

PASSO 1
Primeiro, relacione cada um de seus objetivos.

_____

_____

_____

_____

_____

_____

_____

_____

_____

PASSO 2
Classifique cada objetivo por ordem de prioridade. Numere cada um de seus objetivos por ordem de prioridade, sendo o número um o mais importante. Você pode fazer essa classificação com base em relevância, tempo ou necessidade. Por exemplo, você pode decidir que ter uma reserva para contratempos caso haja uma emergência é mais urgente do que economizar para comprar a casa própria, ou que prefere fazer uma grande viagem de férias antes de economizar para um carro novo.

PASSO 3
Decida quantos objetivos quer perseguir ao mesmo tempo. Quando nos concentramos em um objetivo, conseguimos alcançá-lo mais depressa, porque todas as nossas economias são direcionadas para um único fim. Quando o conquistamos, podemos começar a trabalhar na próxima meta. Dito isso, é

sempre difícil escolher qual objetivo tem maior prioridade. Com diversos objetivos em mente, avançamos em várias coisas que são importantes para nós, mas, como o progresso em cada uma é compartilhado, demoramos mais para alcançar esses resultados. É preciso encontrar um equilíbrio para decidir quantos objetivos perseguir ao mesmo tempo. O mais importante é que sua decisão seja motivadora para você. Recomendo escolher de um a três objetivos para serem priorizados.

Agora você pode dedicar suas economias aos objetivos mais importantes. Se for mais de um, pode dividir suas economias igualmente ou alocar mais para uns objetivos e menos para outros.

Planejar e criar o espaço para economizar torna a alocação de dinheiro para seus objetivos mais automática e simples. Além disso, também podemos bolar estratégias para tornar as outras áreas de nossa vida financeira tão fáceis e objetivas quanto for possível.

Temos a tendência de tornar a vida financeira mais difícil do que ela precisa ser. Acumulamos contas-correntes e poupanças, temos previdências em vários lugares e tentamos lembrar de pagar quinze contas diferentes na data do vencimento. Por que não tornar tudo isso mais fácil simplificando, criando sistemas e automatizando sempre que for possível?

FAÇA SEU INVENTÁRIO E SIMPLIFIQUE.

Relacione cada uma de suas contas nas linhas abaixo e categorize os bens (coisas que você possui) como dinheiro na conta-corrente, poupança, aposentadoria, corretagem e outros. Depois, categorize as despesas (coisas que você deve) em cartão de crédito, financiamento estudantil, financiamento imobiliário e outros débitos. Extraia o total das dívidas do total dos bens para ter seu patrimônio líquido. Entenda que o patrimônio líquido não tem nenhuma relação com seu valor pessoal. É só um ótimo número para se ter à mão, de forma que você possa acompanhar o crescimento de sua riqueza.

Olhe para essa lista. Tem alguma conta que você possa fechar ou agrupar para facilitar sua vida? Cada conta tem uma boa justificativa para merecer um lugar na sua vida financeira?

Pode não parecer grande coisa ter três ou quatro contas para aposentadoria, mas ter de acompanhar o que tem em cada uma pode se tornar bem tedioso. Lembrar todas as senhas já é uma façanha!

A MÁGICA TRANSFORMADORA DA ARRUMAÇÃO – SEU DINHEIRO!

Em seu livro *A mágica da arrumação*, Marie Kondo ensina a desentulhar a vida se desfazendo de objetos que não trazem alegria. Já ouviu essa história antes? É muito semelhante ao exercício que fizemos com nossas despesas. Por que carregar o peso de ter todas aquelas despesas extras se elas não trazem alegria? A conexão entre desentulhar a casa e a vida financeira não para por aí. Desentulhar a casa também pode ser excelente para a vida financeira. Em primeiro lugar, se temos mais consciência do que passa pela porta da frente, com certeza vamos começar a comprar menos coisas. Os objetos não custam dinheiro só na hora da compra, mas também no processo de manutenção, conserto e armazenamento. E mais: quando temos menos coisas, podemos ser mais organizados e gastar menos tempo revirando tudo a fim de encontrar o que estamos procurando. Outra vantagem é não ter que comprar de novo aquilo que não conseguimos encontrar! Simplicidade e alegria – mantras maravilhosos para todas as áreas da vida! Mais ainda: consumir menos também é melhor para o meio ambiente!

Depois de simplificar suas contas o máximo possível, é hora de programar sistemas e automatizar. Ponha todas as contas possíveis no débito automático. Se sua preocupação é deixar passar certas despesas ou uma eventual fraude no cartão de crédito, agende um tempo para examinar os extratos. A maioria das empresas manda uma fatura antes de processar o pagamento. O que mais você pode automatizar em sua vida financeira?

A essa altura, você pode estar pensando: *Tudo isso parece ótimo, mas quando vou ter tempo para fazer esse trabalho pós-Detox Financeiro?* Chegou a hora de fazer uma festa financeira!

FESTAS FINANCEIRAS

"Tempo é uma coisa inventada. Dizer 'não tenho tempo'
é o mesmo que dizer 'não quero'."
LAO TZU

Antes do seu Detox Financeiro, talvez você lidasse com o dinheiro de um jeito muito prejudicial. Temos a tendência de adiar o que não é urgente na vida financeira, e, com o tempo, continuamos empurrando tudo isso com a barriga. Coisas urgentes podem (ou não) ser feitas, mas as coisas não urgentes ficam nos atormentando e nos causam estresse. Por exemplo, aquela análise dos seus gastos, a tarifa bancária que você quer negociar ou aquelas transferências para a previdência que você está sempre adiando. Eu tenho uma solução: festas financeiras!

Festas financeiras são o tempo que reservamos para lidar com as tarefas relacionadas ao dinheiro.

Primeiro, você precisa criar tempo. Recomendo uma festa financeira a cada duas semanas. Tem um dia da semana ou um horário que normalmente funciona bem para você? Sempre é possível ajustar sua agenda conforme a data se aproxima, mas acho muito útil ter um compromisso recorrente marcado para isso a cada duas semanas. Algumas pessoas adoram fazer sua festa financeira nas manhãs do fim de semana, à noite depois do trabalho ou mesmo durante o expediente num momento tranquilo.

Como qualquer outra coisa, melhoramos nossas festas financeiras com a prática. Recomendo alocar mais tempo para elas no início, enquanto você pega o jeito. Com o passar do tempo, tudo vai ficando mais fácil e rápido, então não desista se as duas primeiras vezes forem mais demoradas do que você gostaria.

Quem participa dessas festas? Chame o parceiro ou a família! É realmente importante que eles sejam envolvidos na diversão da festa financeira, mesmo que seja só uma vez por mês. A intenção é que as pessoas que fazem parte da sua vida financeira compartilhem de seus objetivos e suas comemorações. A vida e os relacionamentos também se tornam muito menos estressantes quando separamos um tempo específico para falar sobre as finanças, em vez de deixar o assunto invadir as conversas (e discussões) o tempo todo.

Além do mais, conquistar nossos objetivos é muito mais divertido e eficiente quando incluímos parceiros e familiares.

SE NUNCA CONVERSOU COM SEU PARCEIRO SOBRE DINHEIRO, VOCÊ NÃO É O ÚNICO. AQUI VÃO ALGUNS JEITOS DE ABORDAR ESSE ASSUNTO COM TRANQUILIDADE:

- Comece pela parte divertida – seus objetivos! O que vocês dois querem? Por que os assuntos financeiros são importantes?
- Compartilhe as lembranças financeiras que tem da infância.
- Compartilhe um de seus medos relacionados a dinheiro.
- Cumpram juntos uma tarefa financeira (escolha uma fácil, assim você vai se sentir realizado!).

SE SEU PARCEIRO NÃO ESTÁ INTERESSADO EM SE JUNTAR À SUA JORNADA FINANCEIRA, EIS ALGUMAS IDEIAS:

- **Convença pelo exemplo.** Isso pode levar tempo e dar a sensação de ser um pouco injusto, mas funciona! Quando seu parceiro vir como as coisas estão indo bem para você e como seus objetivos são viáveis, vai se sentir inspirado a participar da conversa.
- **Explique por que é tão importante para você.** Por que está focado em seu bem-estar financeiro?
- **Atraia-o com coisas que ele quer!** Esse é o propósito disso tudo, afinal.
- **Peça a ele para testar o Detox Financeiro por um período.** Em vez de tentar convencê-lo a adotar imediatamente um novo es-

tilo de vida financeira, deixe-o experimentar antes. Como seria participar por uma semana?

Você pode estar se perguntando o que acontece em uma festa financeira. Boa pergunta! Você determina o roteiro para cada festa, mas tenho algumas sugestões.

UMA FESTA FINANCEIRA É UM GRANDE MOMENTO PARA:

- Verificar seus gastos e sua renda no período.
- Verificar seu progresso em direção a seus objetivos e reavaliá-los conforme a necessidade.
- Celebrar sucessos e marcos conquistados ao longo do caminho.
- Verificar suas contas de investimento e aposentadoria.
- Ter quaisquer conversas financeiras que esteja adiando.
- Simplificar suas contas.
- Negociar tarifas ou cancelar pagamentos ou assinaturas.
- Programar pagamentos automáticos.
- Rever os exercícios do Detox Financeiro.

É muito importante tornar suas festas financeiras divertidas! Elas são *festas* por um motivo. Você pode decidir pôr uma música, ficar confortável, saborear sua bebida predileta ou programar um passeio ou recompensa favorita para depois dela. Prestar atenção ao seu dinheiro não precisa ser chato ou tedioso. Faça disso parte de uma noite com seu parceiro ou reúna amigos para uma festa financeira em grupo. Quando tudo acabar, divirtam-se em casa ou saiam juntos.

Experimente maneiras diferentes de tornar suas festas financeiras divertidas. Se não for agradável, tente estratégias diferentes até que seja.

Use esta tabela para planejar sua próxima festa financeira. Comece com o que for mais importante. De início, talvez valha ter uma lista A e uma lista B. A lista A é para as coisas que você vai fazer com certeza, e a lista B é para as coisas que seria bom fazer. Assim, não vai se sobrecarregar com uma festa financeira de cinco horas na sua primeira tentativa. Depois, faça um brainstorm sobre como vai tornar isso divertido e como vai se recompensar por demonstrar amor pelo seu dinheiro.

PROGRAME SUA PRIMEIRA FESTA FINANCEIRA!

Dia e hora	Agenda	Fator diversão	Recompensa

PARA A FRENTE E PARA CIMA

QUAL É A PRÓXIMA ETAPA EM SUA JORNADA FINANCEIRA?

"Quanto mais você louva e celebra sua vida,
mais a vida tem a ser celebrado."
OPRAH WINFREY

Você conseguiu! Parabéns por concluir seu Detox Financeiro. Isso pede uma comemoração! Antes de passar para o próximo objetivo ou o que vier a seguir em sua jornada financeira, é importante reconhecer quão longe chegou e comemorar esse sucesso.

VOCÊ REALIZOU SUA INTENÇÃO?

Quanto economizou para realizar seus objetivos ao longo do Detox Financeiro?

_____

_____

_____

_____

_____

_____

_____

_____

_____

_____

_____

Como se sente?

Diferentemente de confiança e paz de espírito, você pode quantificar suas economias, e essa é uma coisa muito divertida para fazer!

Com o tempo, será importante rever todos os exercícios feitos durante o Detox Financeiro. Você pode recorrer ao Checklist da Felicidade Financeira a seguir, que abrange tudo o que fizemos, bem como a frequência desses outros exercícios. Isso vai fornecer todo o necessário para manter o progresso de seus novos e positivos hábitos financeiros.

Cada item vem com uma sugestão para quando você deve inserir e rever os exercícios. Você pode acrescentá-los à programação de suas festas financeiras ao longo do ano. Melhor ainda, programe os itens do checklist para cada festa financeira agora mesmo. Assim você fica mais tranquilo e se certifica de que criou tempo para realizá-los.

CHECKLIST DA FELICIDADE FINANCEIRA

Item	Frequência
☐ Definir o que você considera gasto supérfluo (Semana Um)	☐ Verificar a cada seis meses
☐ Manter um diário de gastos	☐ Durante três semanas antes e depois de criar sua alocação de felicidade (ou para sempre, se quiser!)
☐ Inserir o motivo pelo qual quer coisas. Fazer brainstorm e experimentar outras maneiras de ter as mesmas sensações (o verdadeiro objetivo)	☐ Prática regular
☐ Somar sua despesa total anual (Semana Dois)	☐ Inclusão ou ajuste a cada três meses
☐ Somar sua renda total anual (Semana Dois)	☐ Inclusão ou ajuste a cada três meses
☐ Montar sua alocação de felicidade (Semana Três)	☐ Inclusão ou ajuste a cada três meses
☐ Conhecer seus valores essenciais (Semana Três)	☐ Inclusão uma vez por ano
☐ Conhecer o custo de oportunidade de seu gasto (Semana Três)	☐ Inclusão uma vez por ano
☐ Determinar seus três objetivos mais cobiçados (Semana Quatro)	☐ Inclusão a cada três meses
☐ Determinar seus três objetivos SMART mais cobiçados (Semana Quatro)	☐ Inclusão a cada três meses
☐ Criar sua Equipe de Sonhos e fazer um plano (Semana Quatro)	☐ Inclusão a cada seis meses
☐ Criar diretrizes para as outras pessoas (Semana Quatro)	☐ Inclusão a cada seis meses

Esse checklist também serve como uma grande recapitulação de todos os conceitos e exercícios que você concluiu durante seu Detox Financeiro. É uma grande realização!

Depois de comemorar, você pode começar a pensar no que vem a seguir. Sempre há mais para aprender, e sempre há lugares onde você pode crescer em sua vida financeira. Só por concluir o Detox Financeiro você fez um tremendo progresso e ganhou muita força. Continue assim. O que você vai fazer a seguir? Pode ser outro livro, um curso, uma ação ou um hábito específicos – o que você quiser!

Você pode decidir manter o foco em seu mindset financeiro. Pode optar por desenvolver outra área de seu bem-estar financeiro, como fazer um plano para amortizar uma dívida, aprender a investir, entender suas economias para a aposentadoria ou aumentar sua renda.

O *Detox financeiro* é uma base incrível para o bem-estar do seu dinheiro. Cada vez que reler este livro (e sugiro que faça isso!), ele será uma nova aventura, e você vai ter novos insights e revelações. Foi uma honra e um prazer participar com você de sua jornada do Detox Financeiro.

O QUE VEM A SEGUIR EM SUA JORNADA FINANCEIRA?

"Se você não pode voar, corra; se não pode correr, ande; se não pode andar, rasteje. Mas, sem dúvida nenhuma, continue em movimento."

MARTIN LUTHER KING JR.

AGRADECIMENTOS

Estou explodindo de gratidão pelos inúmeros investimentos feitos em mim para que este livro ganhasse vida. Estou surpresa com a sabedoria, o patrocínio, o amor, o incentivo, as ideias, os contatos e o tempo que tantas pessoas me deram. Serei eternamente grata.

Obrigada a...

Meus pais, Kathy e Eric Feinstein, por serem os melhores pais do mundo e meus eternos exemplos. Por minha educação e por incentivarem meu crescimento e minha curiosidade. Minha mãe, por ter feito parte dos meus sonhos e sempre ter me encorajado a mergulhar fundo na carreira e na vida pessoal. Meu pai, por ter me ensinado que posso ser o que eu quiser, e como lutar para conseguir isso.

Leigh Eisenman, minha agente incrivelmente talentosa, por ser minha defensora inabalável, compartilhar de minha visão e me orientar de maneira tranquila e incansável por cada etapa desse processo. De verdade, eu não teria conseguido nada disso sem você.

Laura Zoltan e Ben Reed, por terem me apresentado a Jesseca Salky, e Jesseca Salky, por ter me apresentado a Leigh! Foi realmente a química perfeita.

Meg Gibbons, minha brilhante editora na Sourcebooks, por entender e compartilhar de nossa visão e defender o *Detox financeiro* ao longo de todo o caminho, até o fim.

Meus mentores Lauren Smith Brody, Lindsey Pollak, Sallie Krawcheck e Tiffany Dufu, por me mostrar como se escreve um livro com excelência.

Minhas parceiras de trabalho Amanda Folk, Belma McCaffrey, Erika Alpern, Jena Booher, Shabari Nayak e Tina Chopra, por me orientarem no caminho e aturarem minha loucura.

Minhas amigas Ashley Anton, Brittany Topilow, Kristen Hageman, Laura Paliani e Laura Zoltan, por sempre me ouvirem, me inspirarem e compartilharem essa jornada comigo.

Os mentores Adria Starkey, Becky Sharon e Richard Federman, pelo incrível treinamento e aconselhamento ao longo dos anos.

Kristen Veit, por ser a força irrefreável por trás das operações e do marketing da Fiscal Femme.

Gemma Leghorn, por editar minha proposta, e Harper Spero, por me apresentar a Gemma e defender a mim e ao meu trabalho a cada passo do caminho.

Minha dama da Tribo Alicia Navarro e Jessica Banks, por me mostrarem o que é possível e que sempre há espaço para um pouco de diversão.

Minha TRIBO, Elana Reinholtz, Andrew Fried, Lauren Cecchi, JP Pullos, Jessie Yoh, Elizabeth Eiss, Paige Cecchi, Ben Bechar e Mollie McGlocklin, por terem me ajudado a trazer este livro ao mundo. Jill Ozovek, por ser minha tábua de salvação e parceira de todas as horas, e David Burstein, pelo treinamento e pela consultoria anteriores ao lançamento.

Dan Ariely e Jeff Kreisler, por terem me ajudado a encontrar minha tribo financeira e por terem tornado as finanças um assunto divertido.

Minha querida Eli, por me dar um prazo rígido para terminar o manuscrito e depois por me inspirar e surpreender todos os dias desde que você nasceu com sua força e determinação. Você é pura alegria!

Michelle, por cuidar tão bem de Eli enquanto eu ficava no escritório e corria pela cidade trabalhando neste livro.

Kate, Nathan e Chloe, por serem nossa segunda família. De fato, só em um vilarejo.

Minha melhor amiga e irmã Ariel Feinstein, que foi minha cobaia sempre a postos (ela ainda não sabe por que seus cartões de crédito estão no freezer).

Meus sogros (e meus amores), Linda e Jim Gerstley, pelo apoio ilimitado e por compartilharem meu livro com toda a comunidade judaica de Rockland.

Jillian, Kaley, Leah, Heather, Ben e Meika, tenho muita sorte por vocês serem meus irmãos (e sobrinha!).

Minha incrível avó, que lê tudo que escrevo e me ama e apoia, mesmo quando acha que estou maluca!

Minha Bubbe Shirley, você será para sempre minha definição de força e feminismo.

Minha comunidade e todas as pessoas fabulosas que compartilharam comigo sua jornada financeira (vocês sabem quem são!). Sinto-me muito honrada por ter participado desse processo, e não sei nem como agradecer por tudo o que me ensinaram.

O amor da minha vida, Justin, por ser meu fã número um e meu defensor. Por sua parceria e por me dar espaço e tempo para escrever um livro, apesar das restrições financeiras e temporais relacionadas a ter um recém-nascido. Seu jeito incansável de buscar soluções, aceitar tudo o que a vida tem a oferecer e desfrutar dela é uma inspiração e uma lição para mim, sempre. É uma bênção caminhar pela vida com você como meu parceiro.

NOTAS FINAIS

1 Experian, "Newlyweds and Credit: Survey Results", 2 mai. 2016. Disponível em: https://www.experian.com/blogs/ask-experian/newlyweds-and-credit-survey-results/.

2 Tony Mecia, "Poll: 13 Million Americans Commit Financial Infidelity", CreditCards.com, 2 fev. 2016. Disponível em: https://www.creditcards.com/credit-card-news/financial-infidelity-poll-secret-account.php.

3 Daniel Kahneman, Alan B. Krueger, David Schkade, Norbert Schwarz, Arthur A. Stone, "Would You Be Happier If You Were Richer? A Focusing Illusion", *Science*, v. 312, n. 5782, pp. 1908-10, jun. 2006. Disponível em: https://doi.org/10.1126/science.1129688.

4 Daniel Kahneman e Angus Deaton, "High Income Improves Evaluation of Life But Not Emotional Well-Being", *Proceedings of the National Academy of Sciences*, v. 38, n. 107, pp. 16489-93, set. 2010. Disponível em: https://doi.org/10.1073/pnas.1011492107.

5 Dan Ariely, "The Pain of Paying: The Psychology of Money", 1º fev. 2013, vídeo do YouTube, 14min51, postado por Universidade Duke – The Fuqua School of Business. Disponível em: https://youtu.be/PCujWv7Mc8o.

6 "Stress in America: The State of Our Nation", *American Psychological Association*, p. 2, 1º nov. 2017. Disponível em: http://www.apa.org/news/press/releases/stress/2017/state-nation.pdf.

7 Id., p. 2.

8 "Report on the Economic Well-Being of U.S. Households in 2016 – May 2017", Report on the Economic Well-Being of U.S. Households, Board of Governors of the Federal Reserve System, última modificação em 14 jun. 2017. Disponível em: https://www.federalreserve.gov/publications/2017-economic-well-being-of-us-households-in-2016-executive-summary.htm.

9 Cameron Huddleston, "69% of Americans Have Less Than $1,000 in Savings", GOBankingRates, 19. set. 2016. Disponível em: https://www.gobankingrates.com/saving-money/data-americans-savings/.

10 Monique Morrissey, "The State of American Retirement", Economic Policy Institute, 3 mar. 2016. Disponível em: https://www.epi.org/publication/retirement-in-america/#charts.

11 Erin El Issa, "NerdWallet's 2017 American Household Credit Card Debt Study", NerdWallet, nov. 2017. Disponível em: https://www.nerdwallet.com/blog /average-credit-card-debt-household/.

12 Anna Brown e Eileen Patten, "The Narrowing, but Persistent, Gender Gap in Pay", Fact Tank, Pew Research Center, 3 abr. 2017. Disponível em: http://www.pewresearch.org/fact-tank/2017/04/03/gender-pay-gap-facts/.

13 Anne-Marcelle Ngabirano, "'Pink Tax' Forces Women to Pay More than Men" *USA Today*, 27 mar. 2017. Disponível em: https://www.usatoday.com/story/money/business/2017/03/27/pink-tax-forces-women-pay-more-than-men/99462846/.

14 Scott Hankins, Mark Hoekstra, Paige Marta Skiba, "The Ticket to Easy Street? The Financial Consequences of Winning the Lottery", *Vanderbilt Law and Economics Research Paper*, n. 10-12, pp. 1-28, mar. 2010. Disponível em: http://dx.doi.org/10.2139/ssrn.1134067.

15 Pablo S. Torre, "How (and Why) Athletes Go Broke", *Sports Illustrated*, 23 mar. 2009. Disponível em: https://www.si.com/vault/2009/03/23/105789480/how-and-why-athletes-go-broke.

16 George S. Clason, *The Richest Man in Babylon*. Oxford: Myriad Editions, 2011; Nova York: Penguin, 1926. [Ed. bras.: *O homem mais rico da Babilônia*. Trad. de Luiz Cavalcanti de M. Guerra. Rio de Janeiro: HarperCollins, 2005.]

17 Carol S. Dweck, *Mindset: The New Psychology of Success*. Nova York: Random House, 2006. [Ed. bras.: *Mindset: A nova psicologia do sucesso*. Trad. de S. Duarte. Rio de Janeiro: Objetiva, 2017.]

18 Carol S. Dweck, "The Power of Believing that You Can Improve", filmado em nov. 2014 em Norrköping, Suécia, TED Talk, 10min21. Disponível em: https://www.ted.com/talks/carol_dweck_the_power_of_believing_that_you_can_improve.

19 Tobias van Schneider, "If You Want It, You Might Get It: The Reticular Activating System Explained", Medium, 22 jun. 2017.

Disponível em: https://medium.com/desk-of-van-schneider/if-you-want-it-you-might-get-it-the-reticular-activating-system-explained-761b6ac14e53.

20 Vinoth K. Ranganathan, Vlodek Siemionow, Jing Z. Liu, Vinod Sahgal, Guang H. Yue, "From Mental Power to Muscle Power: Gaining Strength by Using the Mind", *Neuropsychologia*, v. 42, n. 7, pp. 944-56, 2004. Disponível em: https://doi.org/10.1016/j.neuropsychologia.2003.11.018.

21 David Mills, "Big Meals, Tight Schedules and Wallets: What Stresses Us Most at the Holidays", Healthline, 30 nov. 2015. Disponível em: https://www.healthline.com/health-news/what-stresses-us-most-at-the-holidays-113015#2.

22 Spencer Tierney, "Best High-Yield Online Savings Accounts of 2018", NerdWallet, 19 dez. 2017. Disponível em: https://www.nerdwallet.com/blog/banking/best-high-yield-online-savings-accounts/.

REFERÊNCIAS BIBLIOGRÁFICAS

Ariely, Dan. "The Pain of Paying: The Psychology of Money". Vídeo do YouTube, 14min51. Postado por Universidade Duke – The Fuqua School of Business, 1º fev. 2013. Disponível em: https://youtu.be/PCujWv7Mc8o.

Brown, Anna e Patten, Eileen. "The Narrowing, but Persistent, Gender Gap in Pay". Fact Tank, Pew Research Center, 3 abr. 2017. Disponível em: http://www.pewresearch.org/fact-tank/2017/04/03/gender-pay-gap-facts/.

Clason, George S. *The Richest Man in Babylon*. Oxford: Myriad Editions, 2011.

Dweck, Carol S. *Mindset: The New Psychology of Success*. Nova York: Random House, 2006.

Dweck, Carol S. "The Power of Believing that You Can Improve". Filmado em nov. 2014, em Norrköping, Suécia, TED Talk, 10min21. Disponível em: https://www.ted.com/talks/carol_dweck_the_power_of_believing_that_you_can_improve.

Hankins, Scott; Hoekstra, Mark e Skiba, Paige Marta. "The Ticket to Easy Street? The Financial Consequences of Winning the Lottery". *Vanderbilt Law and Economics Research Paper*, n. 10-12, pp. 1-28, mar. 2010. Disponível em: http://dx.doi.org/10.2139/ssrn.1134067.

Huddleston, Cameron. "69% of Americans Have Less Than $1,000 in Savings". GOBankingRates, 9. set. 2016. Disponível em: https://www.gobankingrates.com/saving-money/data-americans-savings/.

Issa, Erin El. "NerdWallet's 2017 American Household Credit Card Debt Study". NerdWallet, nov. 2017. Disponível em: https://www.nerdwallet.com/blog/average-credit-card-debt-household/.

Kahneman, Daniel; Krueger, Alan B.; Schkade, David; Schwarz, Norbert e Stone, Arthur A. "Would You Be Happier If You Were Richer? A Focusing Illusion". *Science*, v. 312, n. 5782, pp. 1908–10, jun. 2006. Disponível em: https://doi.org/10.1126/science.1129688.

Kahneman, Daniel e Deaton, Angus. "High Income Improves Evaluation of Life but Not Emotional Well-Being". *Proceedings of the National Academy of Sciences*, v. 38, n. 107, pp. 16489-93, set. 2010. Disponível em: https://doi.org/10.1073/pnas.1011492107.

Mecia, Tony. "Poll: 13 Million Americans Commit Financial Infidelity". CreditCards.com, 2 fev. 2016. Disponível em: https://www.credit cards.com /credit-card-news/financial-infidelity-poll-secret-account.php.

Mills, David. "Big Meals, Tight Schedules and Wallets: What Stresses Us Most at the Holidays". Healthline, 30 nov. 2015. Disponível em: https://www.healthline.com/health-news/what-stresses-us-most-at-the-holidays-113015#2.

Morrissey, Monique. "The State of American Retirement". Economic Policy Institute, 3 mar. 2016. Disponível em: https://www.epi.org/publication/retirement-in-america/#charts.

"Newlyweds and Credit: Survey Results". Experian, 2 mai. 2016. Disponível em: https://www.experian.com/blogs/ask-experian/newly-weds-and-credit-survey-results/.

Ngabirano, Anne-Marcelle. "'Pink Tax' Forces Women to Pay More than Men". *USA Today*, 27 mar. 2017. Disponível em: https://www.usatoday.com/story/money/business/2017/03/27/pink-tax-forces-women-pay-more-than-men/99462846/.

Ranganathan, Vinoth K.; Siemionow, Vlodek; Liu, Jing Z.; Sahgal, Vinod e Yue, Guang H. "From Mental Power to Muscle Power: Gaining Strength by Using the Mind". *Neuropsychologia*, v. 42, n. 7, pp. 944-56, 2004. Disponível em: https://doi.org/10.1016/j.neuropsy chologia.2003.11.018.

"Report on the Economic Well-Being of U.S. Households in 2016 – May 2017". Board of Governors of the Federal Reserve System, última modificação em 14 jun. 2017. Disponível em: https://www.federal reserve.gov/publications/2017-economic-well-being-of-us-households-in-2016-executive-summary.htm.

"Stress in America: The State of Our Nation". American Psychological Association, 1º nov. 2017. Disponível em: http://www.apa.org/news/press/releases/stress/2017/state-nation.pdf.

Tierney, Spencer. "Best High-Yield Online Savings Accounts of 2018". NerdWallet, 19 dez. 2017. Disponível em: https://www.nerdwallet.com/blog/banking/best-high-yield-online-savings-accounts/.

Torre, Pablo S. "How (and Why) Athletes Go Broke". *Sports Illustrated*, 23 mar. 2009. Disponível em: https://www.si.com/vault/2009/03/23/105789480 /how-and-why-athletes-go-broke.

Schneider, Tobias van. "If You Want It, You Might Get It: The Reticular Activating System Explained", Medium, 22 jun. 2017. Disponível em: https://medium.com/desk-of-van-schneider/if-you-want-it-you-might-get-it-the-reticular-activating-system-explained-761b6ac14e53.

FONTES Tiempos Text, Mark Pro, Permanent Marker
PAPEL Alta Alvura 90 g/m²
IMPRESSÃO Imprensa da Fé